U0920109

大家精要

顾炎武

许苏民 著

Gu Yanwu

陕西师范大学出版总社

图书代号 SK16N1403

图书在版编目（CIP）数据

顾炎武 / 许苏民著. —西安：陕西师范大学出版总社有限公司，2017.1（2024.1重印）

（大家精要）

ISBN 978-7-5613-8738-2

Ⅰ. ①顾… Ⅱ. ①许… Ⅲ. ①顾炎武（1613—1682）—传记 Ⅳ. ①B249.15

中国版本图书馆CIP数据核字（2016）第272653号

顾炎武 GU YANWU

许苏民 著

责任编辑 郑若萍
责任校对 马凤霞
封面设计 张潇伊
出版发行 陕西师范大学出版总社
（西安市长安南路199号 邮编 710062）
网 址 http://www.snupg.com
印 制 永清县晔盛亚胶印有限公司
开 本 650 mm × 930 mm 1/16
印 张 10
字 数 100千
版 次 2017年1月第1版
印 次 2024年1月第2次印刷
书 号 ISBN 978-7-5613-8738-2
定 价 45.00元

读者购书、书店添货或发现印刷装订问题，请与本公司销售部联系、调换。
电话：（029）85303879 传真：（029）85307864 85303629

目　录

第 1 章

顾炎武的生平事迹

顾炎武（1613~1682），字宁人，明朝南直隶苏州府昆山县人。初名顾绛，字忠清；入学时更名顾继绅，加入复社后复名顾绛；清军下江南后，他奋勇参加了江南人民的民族保卫战争。因敬仰南宋著名民族英雄文天祥的门生王炎午的忠贞品格，改名顾炎武，又作炎午，字宁人，又字石户。后曾一度化名圭年，号涂中，以经商为掩护，在大江南北广泛联络反清复明人士，从事反清的秘密活动。在此期间，又曾使用过蒋山佣、顾佣、王伯齐等化名，号称“鹰扬弟子”。

为了民族复兴，他“九州历其七，五岳登其四”，出入险阻，广交豪杰，两入牢狱，坚贞不渝；与黄宗羲、王夫之、方以智、傅山、屈大均等著名爱国学者心神相通，寂感相应。身处“沧海横流，风雨如晦”的时代，面对清廷“禁网日益密”的专制暴政，他始终沉着坚定地思考着民族复兴的思想文化主题，上下求索，殚精竭虑，著书立说，以待未来，成为明末清初与黄宗羲、王夫之齐名的伟大的爱国学者和思想家。

顾炎武一生著述宏富，著作多达五十余种，五百余卷，举其主要者有《顾亭林诗文集》《日知录》《天下郡国利病书》《肇域志》《菰中随笔》《音学五书》等。其中，《日知录》《天下郡国利病书》《肇域志》世称“三大奇书”。

一、家世及青少年时期

江东望族一少年

明神宗万历四十一年五月二十八日（1613年7月15日），顾炎武出生于江南苏州府昆山县城东南三十六里的千墩镇。

锦绣江南，吴门自古繁华。古人以为天地钟灵毓秀之气荟萃之地，有“五湖三泖”之胜。顾炎武出生的地方，正处于江南水乡的“五湖三泖”之间。此地西通郡城苏州，东邻松江府城，南连吴江、杭州，舟楫往来，甚是便捷。

顾氏为江东望族，民间素有“江南无二顾”之说。据顾炎武说，南朝梁陈之际的大学者顾野王是他的始祖，苏州阊门外的义学旁有顾野王读书处，其墓就在苏州横山东五里的越来溪上。顾野王家有亭林湖之胜，当时的人们遂称此地为“顾亭林”。因为有这个典故，所以朋友们都称他为“亭林先生”。

明正德、嘉靖、隆庆、万历四朝，是顾家最为煊赫的时代，顾炎武的高祖、曾祖、祖父，都连续担任地方和朝廷部院的要职。高祖顾济是正德十二年（1517）的进士，历官行人、刑科给事中赠中宪大夫、江西饶州知府等职；曾祖父顾章志是嘉靖三十二年（1553）的进士，担任过贵州和山东两省的按察使、应天府尹、南京兵部右侍郎；祖父顾绍芳，万历五年（1577）进士，历官翰林院检讨、经筵日讲官、知制诰等职。

顾炎武出生后，祖父给他取名顾绛，又给他取了个乳名叫藩汉。他一出生，就被过继给叔祖父顾绍芾为孙。顾炎武的曾祖父顾章志有三个儿子：大儿子顾绍芳，即顾炎武的祖父；二儿子顾绍芾，即顾炎武的继嗣祖父；三儿子顾绍芬。顾绍芳的儿子顾同应娶妻何氏，有五子四女，顾炎武是他的第二个儿子。顾绍芾之子顾同吉早卒，因无子嗣，故将顾炎武过继为其嗣子；而顾同吉的未婚妻王氏亦自愿到顾家为其守贞，故王氏即是顾炎武的嗣母。

王氏是一位大家闺秀，她的祖父王宇是明朝的辽东太仆寺卿，父亲王述是国子监的太学生。王氏是一位受过严格传统道德教育、有着良好文化教养的女性。她从小读书识字，尤其喜欢读《史记》《资治通鉴》和明代政纪方面的书。她孝敬公婆，为了治好婆婆的病，曾经悄悄地割下自己的一只手指做药引。这在今天看来固然是不懂得科学的无知行为，但在古代，却是被视为至孝的道德意愿。对于顾炎武，她像对待亲生儿子一般慈爱。顾炎武三岁时患痘疮，生命垂危，幸亏她精心照抚，方才保住性命。她白天侍候公婆，抚育年幼的顾炎武，还亲手纺纱织布；晚上就在油灯下读历史书，直到深夜。顾炎武六岁时，王氏就给他讲授儒家经典《大学》，还经常给他讲说刘基、方孝孺、于谦等人的故事。

顾炎武的继嗣祖父顾绍芾（1562~1641），更是一位有着非凡的个性、才气和见识的人。顾绍芾，字德甫，号蠡源，又号梦庵，性格豪迈不群，与著名的“公安派”诗人袁宏道志趣相投，互有信札往来、诗文唱和。虽然在科举道路上很不得志，只能以生员而入国子监读书，取得了一个监生的资格，但当时的名公巨卿都很欣赏他的才气和见识。他还写得一手好字，就连江南著名书画家董其昌都说：“见德甫笔墨，令人有退舍之想。”他从五十岁以后就不再参加科举考试，把主要精力用于经世致用之学的研究，“取全史所记朝章、国典、地形、兵法、盐铁、户口，悉标识之，以备采择，尤注心节义之行，详举其事，以奖励末俗”。他十分关心时局的变化，注重研究当代政治。明朝有一种叫作《邸报》的政府公报，最初只是靠抄写流传，崇祯十一年（1638）开始铅印出版，颇似今天的报纸。从万历四十八年至崇祯九年（1620~1636）的十七年间，顾绍芾为保存当代史料，坚持将每一期《邸报》中的重要内容抄写下来，细字草书，一纸二千余字，共装订成二十五册。晚年手不能书，尚取《邸报》标识其要。他著有《庭闻纪述》《梦庵诗草》等书，其学问和见识，对顾炎武的影响尤为巨大。

天启元年（1621），后金兵攻取沈阳、辽阳，四川土司奢崇明亦起兵造反。次年，后金军队攻陷广宁，贵州土司安邦彦、山东白莲教首领徐鸿儒亦相继举事。严重的外患和内忧刺激着顾绍芾的心灵，他指着庭院中的草根对顾炎武说："尔他日得食此幸矣。"于是便叫顾炎武读《孙子》《吴子》等古代兵书，以及《左传》《国语》《战国策》《史记》等著作。十一岁时，祖父又亲自给顾炎武讲授《资治通鉴》。顾炎武十四岁那年考入昆山县学，成了一名生员，即秀才。府试成绩颇佳，受到知府寇慎的夸奖。对此，顾炎武一直铭记在心，五十四年后顾炎武游山西，还专门到寇慎的墓前祭拜。十五岁学完《资治通鉴》后，祖父又叫他读《邸报》，关心时事朝政。

参加复社的岁月

顾炎武的青年时代，正是大江南北读书人的结社活动最为活跃的时期。顾炎武十七岁时就参加了复社。复社有"小东林"之称，最初是由吴江的孙淳等人发起成立的。与复社差不多同时成立的还有太仓人张溥、张采，苏州人杨维斗所创立的应社，松江人陈子龙、夏允彝所创立的几社，以及浙西的闻社、江北的南社、江西的则社和历亭席社等。崇祯元年至二年（1628~1629），在张溥和张采的号召下，大江南北各地的会社统合于复社，"期与四方之士，共兴复古学，将使异日者，务为有用"；同时，复社成员须做到"忘其身惟取友是亟，义不辞难而千里必应”。

崇祯二年（1629），复社召开尹山大会。顾炎武加入复社正在此时。第二年，顾炎武赴南京参加应天乡试，当此四方士子咸集之际，复社又召开了金陵大会。崇祯五年的苏州虎丘大会，更是盛况空前：“山左、江右、晋、楚、闽、浙以舟车至者数千余人，大雄宝殿不能容，生公台、千人石，鳞次布席皆满，往来丝织。……观者甚众，无不诧叹，以为三百年来从未一有此也。”

顾炎武是与同里好友归庄一起加入复社的。归庄一名祚明，字玄恭，号恒轩，与顾炎武同年出生，是明代著名散文家归有光的曾孙，为人豪迈尚气节，行好奇，世人目之为狂生。顾炎武与里中人多不合，唯与归庄相友善，人称“归奇顾怪”。顾炎武亦自述其缘由道：“自余所及见里中二三十年来，号为文人者，无不以浮名苟得为务。而余与同邑归生独喜为古文辞，砥行立节，落落不苟于世，人以为狂。”

顾炎武晚年回忆年轻时参加复社活动的那段时光，说：“老年多暇，追忆曩游，未登弱冠之年，即与斯文之会，随厨俊之后尘。”据范晔《后汉书·党锢列传》，东汉太学生运动的领袖人物，有“三君”“八俊”“八顾”“八及”“八厨”之目：李膺为八俊之首，“俊者，言人之英也”；度尚为八厨之首，“厨者，言能以财救人者也”。当时的太学生三万余人，以“清议”为武器，与腐朽的宦官和官僚集团作斗争。虽然遭到了统治者的残酷镇压，但其优秀传统却为后来的学生运动所继承。北宋陈东领导的太学生运动是如此，晚明的复社也是如此。虽然当时顾炎武还不到二十岁，但他所结交的，都是“八俊”“八厨”一类人物。如杨廷枢（杨维斗），早在天启年间就发动和领导了苏州学生和市民反对朝廷逮捕东林党人的运动；如陈子龙，长顾炎武十几岁，亦是著名的一代豪杰，钱谦益和瞿式耜遭阉党余孽陷害而被捕下狱，他发起营救；方以智、冒襄、侯方域、吴应萁号称“复社四公子”，都以文学豪迈著称，从现有的史料看，顾炎武与方以智和冒襄也是很要好的朋友。顾炎武在《日知录》中，对东汉的太学生运动极尽赞美之辞，可见他是多么怀念青年时代的这段美好时光。

复社人士除了讲求气节、以天下为己任以外，他们的生活还有另一面，即名士风流的一面。顾炎武的好友、当时复社中最著名的人物陈子龙、方以智、冒襄等人，无一不是出了名的风流情种：陈子龙年方三十，虽已有一妻三妾，尚且与秦淮名妓柳如是有过一段不同寻常的“诗词情缘”；方以智与秦淮佳丽的交往，亦是史有明文；冒襄与董小宛的恋情，更是至今传为佳话。就连顾炎武最亲密的朋友归庄也不能免此，其《虎丘即事》诗云：“秋半山塘月，人争结伴游。邹阳侈辞赋，顾况绝风流。杯斝逢舟换，笙歌着处留。尚余豪兴在，乘醉觅青楼。”顾炎武回忆早年生活的情形时说：“归生与余无时不作诗。”可惜他将三十二岁前写的诗歌全部焚毁了，使得我们不可能知道他这一时期生活和交游的真实状况。不过，从他后来写的几首艳诗来看，他的艳诗是写得很好的；从归庄与他唱和的有关诗作来看，他也是一位情感丰富的人。所谓“是真名士而自风流”，乃是魏晋以来中国文人的古老传统；而秦淮河畔孔庙与青楼并立，亦是尊崇程朱理学的明太祖朱元璋的杰作，是中国传统文化的一幅奇特景观。明朝灭亡后，当年的风流名士们几乎无不对自己的少年放荡有懊悔之意，顾炎武不保存他三十二岁前的诗作，并不是没有原因的。

顾炎武青年时代经常来往的朋友，除了归庄以外，还有比他小七岁的吴其沆、小两岁的族叔顾兰服，以及外甥徐履忱。顾炎武说吴其沆“于书自左氏，下至南、北史无不纤悉强记，其所为诗多怨声，近《西洲》《子夜》诸歌曲”。《西洲曲》

《子夜歌》，都是缠绵悱恻的六朝情歌。他们五人都很能喝酒，“各能饮三四斗”。据顾炎武后来回忆说，那时，“天下嗷嗷方用兵，而江东晏然无事。以是余与叔父洎同县归生，入则读书作文，出则登山临水，间以觞咏，弥日竟夕”。

“家难”的煎熬

崇祯十一年（1638），顾炎武二十四岁，他的好友、复社名士陈子龙主持编撰的《皇明经世文编》问世。这是一部洋洋五百余卷的巨著，主持者除了陈子龙以外，还有松江的另外两位复社名士徐孚远和宋徵璧。参加该书选辑的有二十四人，也全是松江人士；列名参阅的有一百四十二人，则是分散在各地的著名学者。该书的编撰问世，是晚明江南学风转变的一个重要标志，也是江南学者转向经世致用之学的一个重大成果。

崇祯十二年，顾炎武参加科举考试再次落榜，从此他正式开始从事经世致用的学术研究，著书立说。自云：“崇祯己卯，秋闱被摈，退而读书。感四国之多虞，耻经生之寡术，于是历览二十一史以及天下郡县志书、一代名公文集及章奏文册之类，有得即录，共成四十余帙。一为舆地之记，一为利病之书。”这里所说的“舆地之记”和“利病之书”，即后来整理编撰成书的《肇域志》和《天下郡国利病书》。从顾炎武当时规划这两部书的规模来看，他比陈子龙的气魄更大：《皇明经世文编》只限于明代文献，而《肇域志》和《天下郡国利病书》的编撰则是一项“坐集千古之智”的工作。

但是，在他刚开始从事这项真正有意义的工作才一年多的时候，其家族内部一场争夺财产的争斗就发生了。崇祯十四年，顾炎武的继嗣祖父顾绍芾去世，顾炎武作为唯一的继嗣孙子，理应继承家业。然而，出自同一曾祖的从叔顾叶墅和从兄顾维却看得眼红，要来争夺家产。于是，便发生了一系列的

“家难”，先是纵火，继之抢劫，再就是买通官府打官司，最后是暗杀，企图置顾炎武于死地。后来顾维曾写信给顾炎武，推说这一切“主持有人，同谋有人，吾无与焉”。顾炎武随即写了一封义正词严的回信，怒斥其与顾叶墅合谋纵火、抢劫、暗杀等罪恶行径，列举了这些行径给自己和家庭所造成的重大伤害。

在频繁发生家难的岁月中，顾炎武曾几次搬家。纵火案发生后，他不得不侍奉老母搬家到离昆山千墩镇八十多里的常熟语濂泾。不久，语濂泾家中遭到抢劫，又不得不搬回千墩。到崇祯十七年（1644）春，千墩又住不下去了，于是又搬家到常熟县城东南三十里的唐市。住了不久，又不得不回到语濂泾居住。同年十月回到老家千墩镇，但刚刚住下，又遭抢劫，只好重新回到语濂泾。清军占领江南后，穷凶极恶的顾维在兵荒马乱中被清军杀死，但其子顾洪徽又接着干起了其父的勾当，寻衅闹事不已，目的是夺取顾炎武家的不动产。据崇祯十七年顾炎武写给归庄的信，可见顾炎武被家难闹得“百忧熏心”。

在中国传统社会的大家族中，这种事情是经常发生的，而明清时期的江南尤甚。一些平时温情脉脉的书生、道貌岸然的学者，到了争夺财产和利益的时候，什么丑恶卑劣的手段都会使出来。钱谦益去世后，他的侄子、也算是一位“著名学者”的钱曾（钱遵王）和家族中的一批无赖子弟逼得柳如是上吊自杀，就是后来发生的另一显例。顾炎武之所以对中国人的“窝里斗”的劣根性特别痛恨，除了对政治上导致亡国的惨痛教训外，也与他亲身经历的多次家难有关。

二、投身民族保卫战争

“从军无限乐”

崇祯十七年三月十九日（1644 年 4 月 25 日），李自成率农民军攻陷北京，明思宗朱由检在煤山（景山）自缢身亡。农民军进京后，迅速腐败，李自成的一个部将竟然霸占了山海关总兵吴三桂的宠妾陈圆圆。吴三桂“冲冠一怒为红颜”，引清军入关。李自成出京迎战，大败，不得不退回北京城。四月二十九日，李自成在北京即皇帝位，以该年为大顺永昌元年；在圆了他皇帝梦的第二天，就仓皇弃城西撤，把北京城让给了清军。清军占领北京后，以是年为清顺治元年。远在江南的顾炎武听到崇祯皇帝殉国的消息，十分痛心，作《大行哀诗》。

崇祯皇帝既死，在南方的明朝大臣们又在南京拥立了一个新皇帝。五月初二，福王朱由崧监国，以次年为弘光元年。初五，任命史可法为东阁大学士兼兵部尚书，马士英为东阁大学士兼兵部尚书、都察院右都御史。十二日，史可法自请督师江北，获准后于二十日出京。十二月，昆山县令杨永言应南都求贤诏，向朝廷推荐了顾炎武，朝廷授予顾炎武兵部主事之职。就职前，顾炎武写下了论军制改革的《军制论》、论用兵之法的《形势论》、论农业和财政问题的《田功论》和《钱法论》四篇论文。又作《感事诗》六首，充满了“《春秋》大复仇”“一扫定神州”的期盼。

南明弘光元年（1645）春，顾炎武应诏赴南京。途中经过镇江，作《京口即事》诗二首，更洋溢着击楫中流、恢复中原的豪迈情怀。然而，当时执掌兵部大权的是奸臣马士英，顾炎武到南京后，竟迟迟不能到兵部就职，更谈不上他所期望的天子召见、对策于朝廷之上了。

正当顾炎武在南京等待兵部征招的时候，四月十四日，清军已渡过淮河；二十五日，攻克扬州，兵部尚书史可法壮烈殉国。清军大肆杀戮，至五月初二才宣布“封刀”，但实际上杀戮并未停止，故有“扬州十日”之说，八十余万男女老幼惨死于清军的屠刀之下。而南明弘光朝廷中负责南京城防的赵之龙已秘密派人与清军联络，准备接引清军渡江，并将南京城拱手相送，而弘光朝廷的君臣们却还全都蒙在鼓里呢。

顾炎武在南京报国无门，只得回到家中。五月初一是顾炎武嗣母王氏的六十寿辰，归庄、吴其沆、顾兰服、徐履忱四人前来祝寿。这天，他们饮酒至夜半，“抵掌而谈，乐甚，旦日别去”。他们怎么也想不到，此时的扬州，一场惨绝人寰的大屠杀正在进行之中。

顾炎武为母祝寿后，又去南京就兵部之职。然而，此时形势已急转直下，五月初八，清军趁大雾夜渡长江，次日攻克镇江。十日夜，南明弘光皇帝匆忙逃离南京。清军兵临城下，赵之龙、徐允爵、王铎等一大批高官显贵向清军奉表投降，就连在江南士人中享有很高威望的东林名士、礼部尚书钱谦益，也采取了他后来深以为耻的随波逐流的做法，跟着这批王公显贵降清。十五日，清军进入南京城。顾炎武在赴任途中听到南都官员不战而降的消息，十分失望和悲愤。其《姬人怨》诗二首，大概就作于此时。诗云：

伤春愁绝泣春风，发乱如油唇又红。不是长干轻薄子，如何歌笑入新丰？

云鬟玉鬓对春愁，不语当窗娇半羞。柳絮飞花无限思，教侬何物得消忧？

诗中讽刺降清的官员们如“长干轻薄子”，如随风飘扬的柳絮飞花；而诗中对“伤春愁绝泣春风”的美人的描写，则是借用传统的“香草美人之喻”的表现手法，来抒发其怀念故国的思想感情。看来南京是不能去了，顾炎武遂在苏州从军。

参加昆山保卫战

清军占领南京后，派汉奸黄家鼒招降江南各地守令。黄家鼒到达苏州，被明朝监军杨文骢率兵杀死。这一事件揭开了江南人民民族保卫战争的序幕。六月初四，清军进入苏州城；十三日，清军占领杭州，并派军驻扎吴淞口。十五日，清廷下剃发令。吴中各郡抗清义军风起云涌。更有明朝江南副总兵吴志葵、参将鲁志玙屯兵海上，坚持抗清斗争。原吏部主事夏允彝乃亲自到他的学生吴志葵的军中，为之出谋划策，联络各地义军，随时准备以舟师自吴淞口进入长江，收复江南。大家约定以松江兵攻杭州，嘉定、太仓兵攻沿海，宜兴兵乘船向南京进发，吴志葵率军进攻苏州。目睹这一如火如荼的反清斗争的形势，顾炎武十分兴奋地写下了“千里吴封大，三州震泽通，戈矛连海外，文檄动江东”的诗句。

昆山的反清武装起义是 **1645** 年 **8** 月 **6** 日爆发的。这一天，归庄率领民众冲进县衙，将汉奸县令阎茂才斩首示众，由此宣告了昆山反清起义的开始。起义的队伍分两支，一支以原总兵王佐才率领，另一支则由原郧阳巡抚王永祚率领，归庄、吴其沆皆参加了王永祚的抗清部队。然而，经过一番血战，进攻苏州的计划失败了。不久，清军攻陷松江和嘉定，进攻昆山。这时，顾炎武又回到昆山，参加昆山保卫战。他的夫人王氏也积极参加了后勤工作，顾炎武晚年哀悼王夫人的《悼亡》诗中有“北府曾缝战士衣”之句。

顾炎武在昆山义军中负责“聚粮移檄，为久守计”，这可是一件十分艰巨的任务。江南的富豪大都自私吝啬，大敌当前却不肯出钱出粮资助义军。正如归庄在《悲昆山》一诗中所说：“悲昆山，昆山有米百万斛，战士不得饱其腹，反资贼虏三日谷；悲昆山，昆山有帛数万匹，银十余万斤，百姓手无精器械，身无完衣裙……”七月六日，昆山城破，好友吴其沆英勇牺牲，顾炎武与归庄侥幸脱难。清军进城后，见人就杀。当时城中有居民五万户，据保守的估计，被杀害的昆山居民至少在四万人以上。在这场大屠杀中，顾炎武的两个嫡亲弟弟顾子叟、顾子武皆被杀害，他的生身母亲何夫人也被砍断了右臂，险些丧命。吴其沆壮烈牺牲后，顾炎武曾三次去他家中，看望其孤苦伶仃的老母。

七月十四日，清军攻陷常熟。顾炎武的嗣母王氏听到这一消息，遂开始绝食，三十日逝世。临终前对顾炎武说："我虽妇人，身受国恩，与国俱亡，义也。汝无为异国臣子，无负世世国恩，无忘先祖遗训，则吾可以瞑目于地下。"

八月，清军连克松江、江阴等地。在松江保卫战中，沈犹龙、李待问等义军领袖英勇牺牲，夏允彝自尽殉国。二十一日，清军攻陷江阴，屠城三日，城内外殉难者数十万人。顾炎武的《秋山》诗二首，其中之一记录了这一时期江南人民的抗清斗争和清军大肆屠杀、掳掠大批江南美女和财物运往北方的史实：

> 秋山复秋山，秋雨连山殷。昨日战江口，今日战山边。已闻右甄溃，复见左拒残。旌旗埋地中，梯冲舞城端。一朝长平败，伏尸遍岗峦。北去三百舸，舸舸好红颜。

在血与火的1645年，在刀光剑影的抗战和漂泊流离的生活中，顾炎武和复社的志士们仍有诗文唱和，并不因血与火的征战而失其江南文人的高雅气质。这年秋天，顾炎武曾与"复社四公子"之一的冒襄相会于江南，手书七言行书对联相赠，联曰："藤纸静临新获帖，铜瓶寒浸欲开花。"当时冒襄与董小宛从清军肆虐的江北逃到江南，故人相见，抚今追昔，不胜故国之感。

太湖上的抗清岁月

虽然清军占领了江南，南明的弘光政权灭亡了，但南方的广大地区还没有被清军征服。1645年农历闰六月二十七日，南明唐王朱聿键即皇帝位于福州，改福州为天兴府，以是年为隆武元年。七月初一，隆武帝下亲征诏。顾炎武闻讯，激动万分，赋《闻诏》诗一首。

隆武帝即位后，诏崇祯朝的都察院右佥都御史路振飞前往辅佐。当时路振飞正据守太湖洞庭山，闻诏后欣然前往，被任命为文渊阁大学士。经路振飞推荐，隆武帝遥授顾炎武兵部职方司主事之职。按照明代的官制，“职方掌舆图、军制、城隍、镇戍、简练、征讨之事”。

与顾炎武同时被授予兵部之职的，还有吴江的义军领袖、弘光朝兵部主事吴易等人。吴易被任命为兵部侍郎，顾炎武乃是他的下属。这一时期的顾炎武，活动于五湖三泖的各支义军之间，白羽扇成为他与各支义军联络的标志。“遥看白羽扇，知是顾生来。”太湖上的义军战士远远看到船头上站着手执白羽扇的人，就知道是他们的军师顾炎武来了。吴江义军的战斗力本为吴中义军之冠，在遭遇了上年的挫败以后，至春而势力复振。正月收复吴江，杀死伪知县孔某；顾炎武乃于此时作《上吴侍郎易》诗一首，为之出谋划策。诗中有“作气须先鼓，争雄必上游”之句，反映了顾炎武的战略思想。

清顺治三年（1646）三月二十六日，吴易率义军与清军大战于分湖，歼敌两千余人，清军余部逃回苏州，全城戒严。五月，吴易又率义军收复嘉善，杀清军守将，清军悬赏三千金捉拿吴易。是年秋，吴易被叛将出卖，不幸被捕，在杭州英勇就义。

与此同时，郑芝龙降清，导致清军入闽，隆武帝及皇后与随从大臣皆被清军杀害。隆武帝死后，大学士苏观生等人又在广州拥立其弟朱聿𨮁为监国，改元绍武。十二月，清军攻陷广州，朱聿𨮁、苏观生皆自杀殉国。这年十月，明朝的两广总督丁魁楚、广西巡抚瞿式耜等人拥立桂王朱由榔于肇庆，以次年为永历元年。在此后的二十多年中，这一政权一直是大西南和华中地区民族保卫战争的指挥中心。

清顺治四年四月，明叛将吴胜兆在江南爱国人士陈子龙、杨廷枢等人的策动下，准备在松江反正，归顺明朝。因事机泄露，吴胜兆被杀。清军大肆搜捕陈子龙、杨廷枢。陈子龙带了几个人夜访顾炎武，未遇，留住一宿而去。不久，陈子龙、杨廷枢都被清军捕获，在押解途中，陈子龙投水自尽，杨廷枢亦壮烈殉国。顾炎武闻讯，十分悲痛，作《哭陈太仆子龙》《哭杨主事廷枢》诗各一首。与此同时，夏允彝之子夏完淳与四十余名东南义士给鲁王的上疏在送往舟山的途中亦被清军查获，清军按上疏中的名单一一搜捕，顾炎武的族叔顾咸正因名列其中而被捕，押往南京。顾咸正的两个儿子顾之遴、顾之逵则因曾经在清军的搜捕中掩护过陈子龙，亦被清军捕去。顾炎武试图营救，但清军很快就将他们杀害了。过了不久，九月十九日，因上疏鲁王而被捕的四十余名爱国志士，也在南京被叛将洪承畴下令杀害。顾炎武闻讯，作《哭顾推官（顾咸正）》诗，以此寄托对先烈们的深切哀思。

至此，持续三年的江南抗清武装斗争基本上失败了。然而，此时却从山东传来了丁可泽率农民军余部攻克山东淄川、处决罪大恶极的大汉奸孙之獬的消息。这一喜讯使顾炎武大为振奋，兴奋地写下了《淄川行》一诗，热情讴歌农民军攻打淄川城的巨大声势，庆幸汉奸终被处决，充分肯定农民军的正义行动和爱国精神。孙之獬原为明朝的阉党余孽，清军入关后，他率先剃发留辫去投降，并且厚颜无耻地向清朝的顺治皇帝上疏说："陛下平定中国，万事鼎新，而衣冠束发之制，独存汉旧，此乃陛下从中国，非中国从陛下也。"顺治皇帝采纳了孙之獬的建议，普下剃发令："有不从者，杀无赦！"这一罪恶的法令下达后，因拒绝剃发而遭屠杀的汉族人民多达百万余人。

而孙之獬则用人血染红了顶子，当上了清廷的兵部尚书，并奉命总督军务，召抚江西，其罪恶可谓罄竹难书，死有余辜。顾炎武从农民军的正义行动中进一步看到了人民大众在民族保卫战争中的力量，也看到了民族复兴的希望。

三、大江南北秘密活动时期

闻名江湖的“鹰扬弟子”

从清顺治五年至十四年（1648~1657），顾炎武主要活动于以南京为中心，东到太湖、北到淮安的广大地区。这时顾炎武时而化名为蒋山佣，时而化名为顾圭年，时而化名为王伯齐，时而又化名为顾佣，号称“鹰扬弟子”，以商贾为业，到处结交豪杰之士。至于他们谋划些什么，从现有的历史记载中，很难找到十分明确的答案。而从这一时期顾炎武的有关诗作中，则可看出他的确在从事反清的秘密活动。如《出郭》诗：“出郭初投饭店，入城复到茶庵。秦客王稽至此，待我三亭之南。相逢问我名姓，资中故王大夫。此时不用便了，只须自出提酤。”这明显是一首记叙与人秘密接头的诗，来人“待我三亭之南”，且“相逢问我名姓”，可见来者为素昧平生之人。来者何人？王蘧常先生说：“王稽云云，当有所托。疑南明当有使至。”顾炎武回答来人，自称“资中故王大夫”，乃是他此时的化名。其《赠郯处士继思》诗云：“去去复栖栖，河东王伯齐。”可见他此时正化名王伯齐从事反清的秘密活动。顾炎武又有《旅中》诗一首，作于告别南明使者之后。从诗中所描述的情形看，他曾经历尽千辛万苦，南下投奔远在广西的南明永历帝。所谓“愁人独远征”“浦雁先秋到”“买臣将五十，何处谒承明”，都说明了他此次远行的目的是投奔南明政权。然而却终因关山险阻、途中遭遇抢劫以及患病等原因而未能到达，不得不重新回到江淮一带活动。

在淮安，有两位著名的抗清志士，一位是阎尔梅，一位是万寿祺，他们二人都参加了抗清的武装斗争。万寿祺在江南的武装斗争失败后，宁可削发为僧，也不愿剃去前额的头发而留一条象征民族耻辱的大辫子。而这年春天当他在南京见到顾炎武时，顾炎武竟然“割发变容像”“抱布为商贾”了，这使万寿祺大惑不解。经夏复历秋，顾炎武又抱着从常熟唐市贩来的布匹到淮上与万寿祺相见，更令万寿祺觉得十分蹊跷。尤其不可思议的是，顾炎武竟“与监门屠狗者为伍”，即结交下层社会的豪侠之士。经过一番交谈，万寿祺心中的疑惑方才涣然冰释。顾炎武亦有《赠万举人寿祺》诗，诗中“何人诇北方？处士才无两”一联，是十分明确地委托万寿祺为之了解北方的情况，侦视清廷的动向；而“会待淮水平，清秋发吴榜”两句，则表现了对未来民族复兴的憧憬和希望。两年后（1653），顾炎武又介绍归庄到万寿祺家做“家庭教师”，作《送归高士之淮上》诗，对他此行寄予厚望。顾炎武与万寿祺交情甚笃，万寿祺去世后，顾炎武素车白马走九百里哭之。

邓之诚《清诗纪事初编》说，隆武立于福州，大学士路振飞荐炎武为兵部主事。此后四五年间，尝东至海上，北至王家营，仆仆往来，盖受振飞命，纠合徐淮豪杰。当年路振飞巡抚淮扬，曾经团练乡兵，得两淮间劲卒数万，后为刘泽清散遣。炎武实倚万寿祺为东道主人，每从淮上归来，必诣洞庭向振飞之子泽溥报告情况。归庄在万寿祺家名为家庭教师，实际上是代顾炎武做联络工作。王蘧常先生对此作了考证，指出：归庄《与蒋路然书》云“弟自渡江抵淮，主年少家。千里授经，豪士气短。所幸主人是我辈人，可与共商天下事耳”。可见《纪事》中说的话是有根据的。

江南人民的抗清斗争失败以后，幸存的抗清义士们为逃避清军的搜捕和潜谋再举，与坚守民族气节的士绅相结合，以吴江县唐湖北渚“有烟水竹木之盛”的古风庄为据点，成立了惊隐诗社。诗社于顺治七年（1650）成立，创始者为叶继武、吴振远等人，参加者有名姓可考者数十人，分别来自苏州、无锡、昆山、杭州、嘉兴、湖州、吴江等地，顾炎武和他的好友归庄、吴炎、潘柽章、陈济生都是惊隐诗社的重要成员。惊隐诗社每年都有几次重要的活动：五月五日祀三闾大夫屈原；九月九日祀陶征士渊明；除夕祀林君复、郑所南。顾炎武虽然常年奔走在外，但也多次去吴江参加惊隐诗社的活动，与友人们“啸歌于五湖三泖之间”。

卜居钟山之谜

顾炎武生平事迹中的谜团很多，“混迹同佣贩，甘心变姓名”是一个谜；在南明军队频繁北伐时卜居钟山，奔走于南京、镇江、太仓之间又是一个谜。现有的史料没有给我们明确的答案，但可以肯定的是，他依然在从事反清的秘密活动。

南明军队首次北伐是在顺治十年（1653）。三月，明定西侯张名振与郑成功联师，从海上进入长江口，溯流而上，一举攻克江南重镇镇江。顾炎武目睹明朝十万水军溯江西上的巨大声威，为之欢欣鼓舞，在镇江作《金山》诗一首。从诗的最后两句“愿言告同袍，乘时莫淹留”来看，这首诗不像仅仅是抒发个人情感的作品，倒很像是给联军主帅的进言，认为兵贵神速，主张乘胜进击，切莫迟缓。十二月，张名振、张煌言又再次挥师北伐，大败清军于崇明岛。一年中，顾炎武奔走于南京、镇江、太仓之间，而这一地区正是南明军队与清军作战的主战场。

顺治十一年正月，张名振、张煌言又率水师溯江而上，入京口，登金山，遥祭明孝陵。这次明军北伐，一直打到南京的观音门，又连克安徽诸州县。与此同时，顾炎武在南京觅得一处居所，在钟山之南，所谓“典得山南半亩居”是也。又有诗云：“世乱多倾危，筑室深山中”“研心《易》六爻，不用希潜龙”。卜居钟山后，友人戴耘野来访，作有《赠顾宁人》诗一首，末两句云：“自晦不妨居庑下，海天相讯有吾徒。”“海天相讯”四字殊堪玩味，联系到数年前顾炎武被隆武帝任命为兵部职方司主事时写下的“身留绝塞援桴伍”的诗句，也就不难理解顾炎武这一时期奔走于大江南北所承担的使命了。

但是，无论是穷凶极恶的清朝政府，还是江南的汉族败类和社会邪恶势力，都不肯轻易放过顾炎武。在明军的北伐遭遇挫折，回师海上以后，江南的汉奸地主邪恶势力又嚣张了起来。一个“兴大狱，除顾氏”的阴谋，正在昆山的汉奸恶霸地主叶方恒和顾家的恶奴之间悄悄地酝酿着。

怒杀汉奸，一入牢狱

中国自古有“恶奴欺主”之说。吴中缙绅之家的恶奴大都不是劳动者，而是逃避政府税收的小地主或破落户。这种人只讲利害，不讲道义，告密卖主，无所不为。顾炎武家就有这样一个名叫陆恩的恶奴。顾炎武投身抗清斗争，与在福建的隆武帝和在舟山的鲁王政权都有联系。恶奴陆恩看在眼里，早就安下了坏心。有一次，顾炎武请一位僧人送信去舟山，将信件粘在《金刚经》的书中，以防清军搜查。陆恩得知，就花钱从僧人处把这本《金刚经》买到手，以作日后陷害主人之用，顾炎武懵然不知。加之顾炎武不断遭遇“家难”，里中的汉奸恶霸地主叶方恒想从中渔利，便唆使陆恩向官府告密，企图借清廷之手来杀害顾炎武，以达到侵吞顾家全部田产的目的。二人阴谋既定，只等顾炎武回到家中，便可下此毒手。

顺治十二年（1655）五月，顾炎武回到昆山家中，得知陆恩携其田产投靠叶方恒之事，仍希望其回心转意。陆恩却要挟道：“《金刚经》上何物也？乃欲诈我乎！”顾炎武大惊，不禁回想起十年前夏完淳给鲁王的上疏被清军查获，导致名列其中的四十余名抗清志士被逮捕杀害的惨痛教训，于是当机立断，于当天夜里带人将陆恩擒获，怒斥其罪，痛打致死后将其沉入水中，那本藏有密信的《金刚经》也被搜出销毁。

叶方恒见阴谋破产，恼羞成怒，便与陆恩的女婿一起用两千两银子贿赂昆山县令，要结果顾炎武的性命；叶方恒又亲自带了一批地痞流氓，把顾炎武抓起来囚禁在陆恩家里，企图胁迫其自杀。在这十分危急的关头，顾炎武的好友归庄、路泽溥等人纷纷出面营救。归庄直接写信与叶方恒交涉，陈以利害，晓以大义，但这无异于对牛弹琴。叶方恒在给归庄的回信中反诬顾炎武“机械满腹”。此话说来可笑，倘不是顾炎武“机械满腹”，当机立断地杀了叛奴陆恩，江南又不知会有多少抗清志士人头落地！叶方恒既不肯罢休，归庄只得去找他的老师钱谦益帮助。

顺治二年（1645）以后，钱谦益的内心十分痛苦，因而归庄与他仍然保持着非常深挚的师生情谊，经常去看望他。黄宗羲与钱谦益的关系更非同寻常，他经常去找钱谦益，与他共商反清复明大计。顾炎武的另外两位堪称肺腑之交的好友吴炎和潘柽章也常去看望他，向他请教明史编撰的有关问题。可是顾炎武却因为钱谦益的一度失节，就再也不肯认这位老师了。当此之际，钱谦益要顾炎武认他这位老师，方肯出面营救。归庄就以顾炎武的名义书写了一张自称门生的帖子给他。由于钱谦益和路泽溥的斡旋，顾炎武才从恶霸的私牢里被移送至昆山县衙，被判“杀无罪奴”，要服苦役；随之又从昆山县衙移送松江府，改判为“杀有罪奴”，遭杖责后释放。

据说顾炎武被释放后，不仅不领钱谦益的情，反而急着去向钱谦益索要归庄写的那张帖子，钱谦益不给，他就在大街上贴了一张告示，声明自己不是钱谦益的学生。钱谦益听说后，忧郁地说：“宁人何其卞也。”就是说：“宁人（顾炎武）怎么这么着急呀！”万一官府再把他抓去怎么办呢？顾炎武不知道，此时的钱谦益与柳如是也在积极从事反清复明的秘密活动，钱谦益的学生郑成功的几次北伐，都是钱谦益暗中策动的。

叶方恒见顾炎武被释放，气急败坏，便派出了刺客。顾炎武行至南京太平门外，埋伏在路边的刺客突然从树林间冲出，击其头部，顾炎武受伤坠驴，幸亏有人相救，未曾丧命。与此同时，叶方恒又唆使恶奴数十人，抄了顾炎武的家。叶家是汉奸恶霸地主，江南官府中也大都是叶家的死党，面对这一强大的黑恶势力，顾炎武再也无法在江南容身了。

在南京逗留一年后，顾炎武决意北游。他在《流转》一诗中说明了北上的两个原因：一是避祸，“九仇在门户”，“故乡不可宿”；二是另有雄图远略，“浩然思中原，誓言向江浒。功名会有时，杖策追光武”。他要到北方去寻找像成就汉室中兴的汉光武帝刘秀式的朱明王朝的后裔，追随他去建功立业。

顺治十四年（1657）元旦，顾炎武在南京拜谒过明孝陵，随即返回昆山向亲友告别。江南的朋友们听说他即将远行，都来为他饯别。酒过数巡之后，归庄站起来，慷慨陈词：“宁人之出也，其将为伍员之奔吴乎，范雎之入秦乎？……焉知今日困厄，非宁人行道天下之发轫乎？”大家都说归庄讲得好，纷纷作诗为顾炎武壮行。从此，顾炎武踏上了北游的漫漫征途。

四、北游与《启祯集》文字狱案

“春谒长陵秋孝陵”

顺治十四年秋，四十五岁的顾炎武告别了江南故乡的友人，渡长江，过淮河，前往山东。在淮北遇上连日大雨，赤足行走了二百七十里，方才走出秋水横流的土地。目睹清军铁骑过后“逾淮百里即荒郊”的凄凉景象，心中不胜悲伤。

“不得山东，则河北不可取；不得河北，则中原不可复。”这是南宋著名爱国者辛弃疾《御戎十论》中的名句。顾炎武既志在复明，山东和河北一带的地理形势，以及经济、政治、民情风俗等方面的情况，就成为他首次北上考察的对象。

当时的山东，仍在燃烧着反清斗争的烈火，西有“榆园军”，东有“于七军”，都是当地的农民武装。濮州、曹州一带，英勇的“榆园军”不断给清军以沉重打击，著名爱国士大夫、浙东大儒刘宗周的弟子叶廷秀就参加了这支队伍，并且献出了生命。在莱阳、栖霞等县，于七领导的抗清义军，也已经坚持了九年的艰苦抗战，并且依然十分活跃。顾炎武沿着当年复社组织的线索，首先来到莱州的掖县，找到了当年山东复社领袖赵士哲家。在这里，他与赵士哲的堂弟赵士完结为好友，又因赵士完的关系而结识了任唐臣，此二人都是坚守民族气节的明朝遗民。

在莱州住了几个月后，顾炎武又到了山东即墨，住在当年明朝锦衣卫都指挥使黄培家中。黄培，字孟坚，号封岳，长顾炎武九岁。他的叔叔黄宗昌是明朝的御史，清军入关后，冒着“留发不留头”的危险，坚持不肯剃发，隐居而终。黄培亦不仕清朝，经常写诗抒发怀念故国之情，其诗篇于结识顾炎武五年后（1662）汇刻为《含章馆诗集》。据说，顾炎武就是在黄培家居住期间，主持刊刻出版了《天启崇祯两朝遗诗》，该诗集收入了黄宗昌的传记及其诗歌。

不久，顾炎武到了济南。在济南，他结识了山东大儒张尔岐。张尔岐（1612~1677），字稷若，山东济阳人。他与清朝有杀父之仇。明末满洲兵侵入山东大肆烧杀抢掠时，他的父亲张行素奋起反抗，杀死满洲骑兵两人，杀伤八人，终因寡不敌众，被抓去后杀害。他的两个弟弟，一个从此不知下落，另一个也被杀害了。张尔岐不忘家国之痛，用《诗经》“匪莪伊蒿”之意，自号蒿庵，著有《蒿庵集》等著作。相传顾炎武有一次去山东通志馆，听见有人在讲《仪礼》，条贯井然，滔滔不绝，乃大为叹服。问此为何人，得知是张尔岐，便于次日凌晨主动去拜访，从此定交，成为终身好友。

顺治十五年（1658）秋，顾炎武北上幽燕，首次到北京。随后出京，至永平，登孤竹山，谒夷齐庙，作诗言志。次年春，自永平出山海关，复返永平，往昌黎。昌黎人民曾经在这里大败清军，三十六名民兵壮烈牺牲，当地人民立祠纪念。还有一位没有留下姓名的英雄，当他看到攻城的清军即将登上城墙时，奋不顾身地冲上去将云梯拽倒，壮烈牺牲，当地人民也专门为他立祠纪念。顾炎武为之作《昌黎》诗一首和《拽梯郎君祠记》一文。是年，作《营平二州史事》六卷。顾炎武还考察了当年戚继光镇守蓟州时的总镇府所在地三屯营，到昌平天寿山拜谒了十三陵，随后又考察了居庸关一带的地理形势。

据赵俪生先生考证，顾炎武在北行之初，曾有仿效张良“博浪椎击”、谋刺清朝皇帝的企图，并举《平舒道》《秀州》二诗为证。

《平舒道》诗云：

何处平舒道，西风卷夕云。空留一片壁，为遗滈池君。

《秀州》诗云：

我愿乘此鸟，一见仓海君。异士不可遇，力士难再得。海内不乏贤，何以酬六国？愿从马伏波，田牧边郡北。复念少游言，凭高一凄恻。

赵俪生先生指出：“两诗均与秦始皇晚年史事有关，平舒道上遮关东使者并遗璧之人，所言乃‘明年祖龙死’一句话，诗中所隐，要害在此。而所谓仓海君又尝得力士为铁椎，重百二十斤，此诗显然是表白亭林北游之初，曾有博浪椎击的企图，不过后来逐渐淡漠下来而已。”顾炎武在北游之后，越是走到临近清朝政治统治中心的地方，他的仿效荆轲刺秦王、张良“博浪椎击”的企图就越是强烈；而这种企图之难以实现，也确实使他伤心了一场。有《督亢》一诗为证：“此地犹天府，当年竟入秦。燕丹不可作，千载自凄神。野烧村中夕，枯桑垅上春。一归屯占后，墟里少遗民。”

从河北返回山东后，顾炎武听到郑成功与张煌言再次联师北伐的喜讯，立即整装南下。可是，当他到达扬州时，郑成功已兵败南京城下。怀着悲凉的心情，他再一次告别了江南的友人，踏上了北上之路。在天津过了春节，又再次去昌平拜谒了十三陵。同年秋回南京，第七次拜谒明孝陵，悼古伤今，感慨不已，诗中有“春谒长陵秋孝陵”之句。次年（1661）正月回吴门；春夏之交前往杭州，往返皆经吴江，访好友吴炎、潘柽章等人。到杭州后，本想东渡娥江，去浙东访问黄宗羲，因考虑其艰难处境而作罢。

顾炎武在浙江时，江南的形势骤然变得十分险恶。这年春天，顺治皇帝病死，清廷加强了对江南人民的镇压，实行恐怖统治。三月，发生了吴县诸生哭庙案；六月，江南奏销案起，苏、松、常、镇四府十三万五千零一十七名士绅以“抗粮”的罪名被逮捕，遭受了枷号鞭打的酷刑；七月，江宁巡抚朱国治下令处决包括哭庙案在内的所谓“江南十案”的案犯一百二十一人，锦绣江南笼罩在一片腥风血雨之中。同时，清廷还在酝酿着更大规模的镇压。江南非久留之地，是年秋，顾炎武回到苏州，旋即往南京，渡江北上，再赴山东。九月，清军入缅甸追杀南明永历帝，于十二月将永历帝俘获，次年三月押回云南，四月十五日绞杀于昆明。

康熙元年（1662）春，顾炎武从山东北上，又至昌平。这年他五十岁。在昌平道上，他写下了“远路不须愁日暮，老年终自望河清”的诗句。三月，第三次谒思陵，撰文纪念崇祯皇帝殉难十八周年。也正是在这一天，他听到了清军俘获永历帝的消息，但他并没有因此而丧失民族复兴的信心，坚信“时来夏后还重祀，识定凡君自未亡”。

西游晋陕，广结豪杰

顾炎武指望由南向北恢复中原，一时看来似已无望，于是想到了另一条路线，即由西向东的路线，即汉、唐得天下的路线。于是他决定考察陕西和山西，那里是清朝统治相对薄弱的地方。这年十月，他西登太行，过井陉，至太原。其巨著《肇域志》即于此时成书。该书自崇祯十二年（1639）开始撰著，至此已二十三年。《肇域志序》亦当于此时写成。

在太原，顾炎武结识了一位奇士，一位侠肝义胆的传奇人物，大思想家傅山。傅山（1607~1684）是山西阳曲人，初名鼎臣，字青竹，后改字青主。他三十岁时，就领导了一次声闻全国的学生运动。当时山西提学袁继咸被阉党诬陷下狱，傅山约集了全省的生员一百余人赴京请愿，迫使朝廷将袁继咸无罪释放。明亡后，他自号朱衣道人，从事抗清活动。顺治十一年（1654），因参与南明总兵宋谦策划的在晋豫边界的起义，以

“叛逆钦犯”被捕入狱。但他极懂得斗争策略，坚决不承认参与起义之事，并以绝食抗议，当局无法定罪，又经友人设奇计营救，乃得出狱。顾炎武听说山西有此奇士，欣然前往拜访，互相倾诉心曲，并时常一起出游。傅山作《晤言宁人先生还村途中叹息有诗》，慨叹“河山文物卷胡笳”，颇为伤感。顾炎武乃作《又酬傅处士次韵二首》，一扫感伤意味，高吟“苍龙日暮还行雨，老树春深更著花。待到汉廷明诏近，五湖同觅钓鱼槎”。

告别了傅山，顾炎武前往山西代州。在代州，他结识了又一位忘年交——年方三十三岁的李因笃。李因笃，字子德，号天生，陕西富平人，比顾炎武小十八岁，此时他正在代州当家塾先生。清军入关时，他还是个孩子，但他坚守民族气节，决不去参加科举考试。顾炎武十分敬重他的人品和学问，便和他交了朋友。随后，顾炎武又到了汾州，巧遇阔别十年的好友、遗民诗人申涵光，作《雨中送申公子涵光》诗一首赠之。

正当顾炎武在山西高吟“待到汉廷明诏近”的时候，在江南却发生了一起惨绝人寰的文字狱案。康熙二年（1663），庄廷𬬻《明史》案发。庄廷𬬻是浙江湖州人，双目失明，又不甚通晓古今，却以“左丘失明，乃著《国语》”自勉。他从邻居故明阁辅朱国桢家获得了很多明代的史料，于是便召集了很多学者，日夜编撰《明书》。书成而庄廷𬬻死，其父庄胤城为之刊刻出版。顾炎武的好友吴炎、潘柽章是江南的两位杰出的历史学家。清军占领江南后，他们两人为保存故国历史，共同著《明史记》。顾炎武非常支持他们的事业，把自己所搜集和保存的大量明代史料都交给了潘柽章。庄廷𬬻生前仰慕吴炎、潘柽章的盛名，将他们列入参阅者的姓名之中。亦曾邀请顾炎武到家中，想请他列名，顾炎武“薄其人不学”，故没有列名。该书刊行后，一些丧尽天良的读书人纷纷拿着书到庄家去敲诈勒索。浙江归安有一个叫吴之荣的汉奸县令，因赃系狱，遇赦得出，见有机可乘，也去庄家敲诈。庄家被敲诈得实在不堪忍受，就拒绝其勒索。吴之荣就向官府告发，但地方官袒护庄家。于是这个无耻之徒就跑到北京告状。鳌拜等辅政四大臣大怒，立即派遣钦差大臣到浙江从严处理此案。五月，将庄廷钺的父亲及其兄庄廷钺和弟侄、列名参阅的十八人、刻书者、卖书者以及袒护庄家的地方官等，统统处以死刑。其中，十八人被凌迟处死，二百余人被斩首；已故的庄廷钺亦被掘墓焚骨；庄家的财产被没收，妻妾被流放，列名参阅的十八人的家眷亦遭流放之祸，被流放到宁古塔为奴的多达七百余家。在这场浩劫中，顾炎武的好友吴炎、潘柽章都在同一天被凌迟处死于杭州的弼教坊。他们尚未写成的《明史记》一书和所有的史料也被当局付之一炬。听到这一悲惨的消息，顾炎武悲痛万分，肝肠欲裂，乃遥祭两位好友于汾州旅舍，作《书吴潘二子事》一文及《汾州祭吴炎潘柽章二节士》诗一首，长歌当哭。又作《寄潘节士之弟耒》诗一首，予以慰勉。

怀着万分悲痛的心情，顾炎武又踏上了西去的路途。秋天，他取道蒲州，入潼关，登华山，开始了他的首次关中之行。在华阴县，他访问了万寿祺的朋友王弘撰，与他结为终身的好友。王弘撰，字文修，一字无异，号太华山史，陕西华阴人，家住华山下，岳影满窗，阴翠可爱。王弘撰熟谙明朝故实，工书法，嗜金石，尤好鉴别书法名画，且精通《周易》，有《易图象述》《砥斋集》等著作。顾炎武曾说："好学不倦，笃于朋友，吾不如王山史。"

十月，顾炎武访李颙于盩厔（今陕西周至）。李颙，字中孚，尝号惭夫，陕西盩厔人。因取《汉书》"山曲曰盩，水曲曰厔"之意，别署二曲土室病夫，学者称二曲先生。清军入关后，他坚守民族气节，决不仕清。这是顾炎武与他能成为好友的思想基础。李二曲学宗陆王。顾炎武与他交谈，上下古今，靡不辨订，而李二曲则颇不以为然，他对顾炎武说："尧舜之知而不遍物，急先务也。吾人当务之急，原自有在，若舍而不务，惟骛精神于上下古今之间，正昔人所谓'抛却自家无尽藏，沿门持钵效贫儿'也。"顾炎武听了此话，感到很失望。但学术上的分歧并没有影响他们的友谊，顾炎武把李二曲与王弘撰、李因笃三人并称为他的"关中三友"。

通过结交关中的豪杰，顾炎武终于寻访到了已经改名换姓而隐藏在民间的朱明王朝的宗室之幸存者。此人叫朱存杠，是朱元璋的第二个儿子朱樉的九世孙，朱樉被封为秦王，故其后人世居西安。顾炎武专门去西安郊外访问了朱存杠，此时他已改姓杨，名谦，年已六十二岁。顾炎武为其父作《朱子斗诗序》，并收其子杨烈和外甥王太和为学生。是年冬，顾炎武再至太原。康熙三年（1664）正月，游后土祠。该祠为汉武帝所立，顾炎武有感而作《后土祠》诗一首，呼唤"雄才应有作，洒翰续《秋风》"，希望明朝宗室之幸存者能有汉武帝那样的雄才大略，来成就明朝的中兴。复至汾州及绛州，自大同到西口，于七月第四次进京，第四次谒十三陵，祭奠崇祯皇帝。然后南下山东，在泰安过了春节，已是康熙四年了。他在山东章丘大桑家庄置田地十顷。随后去河南辉县访问著名学者孙奇逢，但此时孙奇逢已因《甲申大难录》"文字狱"案而被逮捕，押往北京去了。

康熙五年夏，顾炎武又到了太原。这次在太原，他又结识了两位奇士，一位是不久前还在策动反清武装起义的著名学者朱彝尊，另一位是来自岭南的著名抗清志士屈大均。朱彝尊，字锡鬯，号竹垞，浙江秀水人，复社志士。清军占领江南后，他客游四方，从事反清活动。屈大均，字翁山，又字介子，广东番禺人。广东沦陷后，他毅然投笔从戎。南明永历元年（1647），随兵科给事中陈邦彦起义进攻广州。陈邦彦壮烈牺牲后，他前往肇庆投奔永历帝。后因父病而复回广州。父亲去世后，他身穿僧服游历大江南北，到处结交豪杰之士，又参加了郑成功的部队，随军攻入镇江，进攻南京。还曾南下昆明，游说吴三桂，晓以民族大义，劝其反正，未果。接着，又与朱彝尊等人再次策动反清武装起义。失败后，北游山陕。自陕西至太原，与顾炎武和朱彝尊相会。顾炎武大喜，作《屈山人大均自关中至》一诗。

这年，顾炎武与傅山、李因笃、朱彝尊等二十余人集资垦荒于雁门关之北，并亲为筹划经营。相传顾炎武在山西时曾与傅山共同创立山西票号，一切组织规则都是顾炎武制定的。徐珂《清稗类钞》“山西票号”条云：“相传明季李自成掳巨资败走山西，及死，山西人得其资以设票号。其号中规则极严密，为顾炎武手订，遵行不废，故称雄于商界者二百余年。”章太炎在《书顾亭林轶事》一文中也记载了山西人的这一传说，称顾炎武与傅山共同创立山西票号：“亭林尝得李自成窖金，因设票号，属傅青主主之。始明时票号规则不善，亭林与青主更立新制，天下信从，以是饶于财用。清一代票号制度，皆亭林、青主所创也。”太炎先生对此作了具体的分析和推论，认为顾炎武不仅是票号制度的创立者，更是清代会党组织的创建者，顾炎武名为儒，实为侠。

康熙六年（1667），顾炎武的《音学五书》由友人张力臣刊刻于淮上，张力臣亲为校雠，为之改正一二百处。顾炎武大为叹服，曰：“笃信好古，吾不如张力臣！”又亲赴淮上，作《音学五书序》。复作《与友人论学书》，提出“博学于文，行己有耻”的为学宗旨。

仗义行侠，二入牢狱

从康熙六年至七年，顾炎武一直被文字狱案纠缠着。其遭遇正如清代学者沈岱瞻所说：“先生（指顾炎武）初脱吴中陈济生《启祯两朝诗选》之狱，复遭山左黄培诗狱之诬。”

所谓“吴中陈济生《启祯两朝诗选》之狱”，发生在康熙六年。陈济生是顾炎武的姐夫，二人同为吴江惊隐诗社的社友，亦与归庄为好友，交往非常密切。清顺治十年（1653）四月，陈济生开始选编天启、崇祯两朝遗诗，顾炎武和归庄从一开始就是积极参与者。十二年顾炎武到山东后，仍在协助陈济生编撰此书，至十六年而书成。该书全称《天启崇祯两朝遗诗》，又称《忠节录》，简称《启祯集》。全书分三大部分：“首录忠义诸公，如罹阉祸死者，与于甲申、乙酉之难，及前乎此、后乎此之殉国者；次则硕德名贤，立朝著大节而获考终者；次则高士幽人，足羽仪一世者。”除陈济生的自序外，为该书作序的有归庄、吴鹿友、姜如农等六人。书中有许多与顾炎武相关的内容，包括他的嗣祖顾绍芾、祖父顾绍芳、生父顾同应的诗和传，族叔顾咸正的诗和传等；在该书的《顾推官咸正传》中，亦明确写道：“晚与宁人游，……今为纪其大略，其详则有宁人所为状及玄恭（即归庄）撰二子传在。”

该书行世后，江南的一些无廉耻的读书人见该书有触时忌，就不断向为该书作序的人敲诈钱财，否则就要向清廷告发。康熙六年（1667）二月，江南地痞沈天甫、吕中、夏麟奇向吴鹿友父子敲诈两千两银子未果，便向清廷告发，说《启祯集》一书表彰明朝的忠臣节士、讥刺清朝。刑部奉旨，要对“书内有名之人共七百名，内有写序写诗讥仿本朝之人五十余名合行查究”，一时大有黑云压城城欲摧之势。由于此案不仅涉及江南，而且涉及全国，真的兴起大狱来就将大大激化民族矛盾，将危及清朝统治的稳定。精明的康熙皇帝顾忌这一点，所以案件的处理就由可能出现的悲剧结局迅速向着喜剧式的结局转化。在清廷的官方文献中，陈济生与归庄、顾炎武等反清复明人士编撰的《启祯集》被说成是向清廷告密者的伪造。就这样，一场可能到来的浩劫被消弭于无形之中，顾炎武亦因此而未被殃及，可谓有惊而无险。

但"山左黄培诗狱"，即所谓"十四人逆诗案"又把《启祯集》案牵扯出来了。康熙五年六月，山东莱州原明兵部尚书黄宗昌的家奴、投靠清廷而当了翰林的姜元衡告发，说黄宗昌之侄黄培、子黄坦以及黄培之侄黄贞麟等十四人撰写"逆诗"，康熙皇帝下令山东督抚亲审。次年，姜元衡又受山东土豪谢长吉的唆使，说《启祯集》是顾炎武在黄培家里搜辑发刻的。谢长吉曾向顾炎武借银千两，不想偿还，就答应把章丘大桑家庄的田产抵押给顾炎武，而只要借官府之手杀了顾炎武，谢长吉就可以收回这些土地。于是，"十四人逆诗案"便又转移到《启祯集》案上。康熙七年正月，山东抚院下令把顾炎武逮捕归案。

这时，顾炎武正流寓北京慈仁寺，二月十五日才听说山东再审《启祯集》案。他深知，倘若这一案件被翻过来，不仅自己性命难保，而且将导致一大批人家破人亡。面对这一突如其来的灾难，他十分冷静，决定与清廷斗智，来保护自己和因此案而被牵连的人们。十六日，他毅然出京，前往山东济南府对簿公堂。行至德州，得知朝廷已派人到江南去缉拿他。为防意外，他焚毁了有关书信，并致函李因笃，请他设法解救。三月二日，他到达济南府，两天后即被关进监狱。

顾炎武入狱后，立即致函从叔父顾兰服和外甥徐元文，要徐元文迅速北上营救。另一方面，又写信给朱彝尊的姑表兄弟、时任登州知府的谭吉璁等人，说明姜元衡之书与前次沈天甫“伪造”之书为同一书，故此案无须再审。与此同时，他的朋友们也多方展开了营救活动。李因笃闻讯后，火速赶赴北京，向京城的友人告急求救，然后赴济南狱中探视；朱彝尊一听说此事，亦立即赶赴济南，住进了山东巡抚刘芳躅的幕署，为他开脱辩解；徐元文等人亦出面多方斡旋。

在这场与清廷斗智斗勇的激烈交锋中，顾炎武采取了不承认主义和以攻为守的斗争策略。他一口咬定《启祯集》是伪造的，与自己和朋友们毫无干系；《启祯集》中有字“宁人”者，但“宁人”二字前并无“顾”字，凭什么说此“宁人”就是顾宁人？且《启祯集》案已有定论，姜元衡之流企图翻案乃出于谋财害命的不可告人的目的，更是目无今上的大逆不道的行为。他不仅要保护自己和被牵连的一大批江南读书人，还要让那些穷凶极恶的汉奸们落一个诬告的罪名。五月，山东抚院开庭审理，“先取有同案中年老者四五人保识黄御史曾已遵制剃头口供，次辩《启祯集》中有宁人字无顾姓，又不在黄御史一篇传内，并审出衅起章丘地土情由。惟问姜要顾宁人辑书实证，无词以对”。此次开庭审理以有利于顾炎武的结果而结束。不过，负责审理此案的山东巡抚刘芳躅对于案件的真相却是心知肚明的，多方面的顾忌使他既不便把案件继续查下去，也不敢匆忙结案。迁延至九月，顾炎武方被保释出狱。《启祯集》案最后被归结到“十四人逆诗案”。康熙八年四月一日，黄培等人在济南被杀害。

顾炎武出狱后第二年，亡友潘柽章的弟弟潘耒从江南来投奔他，成为他的弟子。他虽然身在北方，但始终与南方的明朝遗民和抗清志士保持着联系，南方的仁人志士们也深切地怀念着他。康熙十年（1671）暮春三月，六十一岁的方以智作《寄亭林居士山水册》，自题曰：“辛亥暮春，病中强起，草草成此四帧，寄呈亭林士。弘智。”不久，方以智被当局迫害而死。

消息传到北方，顾炎武十分悲痛。顾炎武青年时代的朋友、复社的豪杰之士，这些民族的精华、社会的精英，几乎无不惨死于清朝统治者的残酷迫害。每当想到这一切，顾炎武的心中就充满了无比的悲愤！

五、生命的最后岁月

奔走四方，策划反清

康熙十二年（1673），清廷下令撤三藩。十一月，镇守云南的平西王吴三桂宣布恢复汉族衣冠，哭祭明朝永历皇帝，自称“兴明讨虏大将军”，在昆明举起了“反清复明”的旗帜，并宣称明朝的朱三太子在其军中，于次年十二月初一从云南起兵北伐。镇守福建的靖南王耿精忠、镇守广东的平南王尚之信、广西将军孙延龄也先后起兵响应。同时，郑成功的儿子郑经也在台湾发出反清檄文。康熙十四年，吴三桂的军队即攻入湖南，连克衡阳、常德、长沙、岳州等地，耿精忠的军队也攻取了浙江、江苏诸州县，郑经也率军从台湾进入闽浙。四川巡抚罗森、襄阳总兵杨东嘉、陕西提督王辅臣等也先后举起反清旗帜。接着，原夔东十三家农民军的谭洪、彭时亨等部也再次起兵，攻克阳平关。一时四方鼎沸，清廷为之大震。

吴三桂等三藩的个人人品以及他们反清的主观动机姑且不论，他们的这次反清行动，却在客观上反映了民族自尊心尚未泯灭的广大汉族人民反对清朝民族压迫的心愿，李自成农民军余部的起兵响应就是证明。许多明朝的遗民也为这一突如其来的形势而激动。吴三桂在云南起兵时，把曾经在江南兴“奏销案”大狱，并杀害金圣叹等一大批江南读书人，后被康熙皇帝派往云南监视吴三桂的朱国治杀了祭旗，令江南读书人十分振奋。江南著名学者、著有《读史方舆纪要》的顾祖禹南下福州，加入了耿精忠的幕府。两广、湖南、江西的明朝遗民也都以不同的方式参与这场斗争。顾炎武的好友屈大均到吴三桂的军中做了幕僚，江西学者梁质人也在吴三桂麾下的一支部队中担任联络工作；隐居著书的王夫之也走出深山，奔走于沅湘之间，到处联络同志，并与广西将军孙延龄取得联系，赠其《双鹤瑞舞赋》，以“光赞兴王，胥匡中夏”相勉。

吴三桂在云南起兵时，顾炎武刚到北京。听到这消息，他立即离开京城，奔走于山西、山东、河南、陕西等地，与朋友联络，并且与远在江南的友人加强了联系。如火如荼的反清斗争形势，确实使他大为振奋。在他看来，正是由于清朝军事贵族对汉族人民的残酷的杀戮和压迫，使得广大的汉族人民再也不能忍受；而当时的历史事实，亦正如顾炎武所指出的，人心所向已经到了“人人欲从乱”的地步。因此，这是一场反抗清朝民族压迫的战争，而不是像如今的某些历史学家所说的这是一场违背人民要求社会安定之愿望的战争。他虽然没有像顾祖禹等人那样立即南下从军，但却在联络同志，互通信息，观察分析形势，不排除他想有所作为的图谋。

也正在这时候，从南方传来了归庄逝世的噩耗，顾炎武不禁失声痛哭。回首平生交游，唯归庄可谓自幼至老、同心同德、生死不渝的最亲密的朋友。乃作文以祭之，曰：“先王道丧，士习懦愞，孔子有言：‘必也狂狷。’归奇顾怪，一时之选。”又作《哭归高士》诗四首，情深意挚，非同寻常，其中第四首最值得仔细品味。诗云：

> 郦生虽酒狂，亦能下齐军。发愤吐忠义，下笔驱风云。平生慕鲁连，一矢解世纷。碧鸡竟长鸣，悲哉君不闻。

诗中说归庄虽然嗜酒佯狂，但却懂得军事，能够从军作战，又能够草拟气势磅礴的军事檄文，并且有战国时期的豪杰鲁仲连式的侠肝义胆和才智，如今南方的汉族军队已经开始北伐，预示着天明的“碧鸡”已经发出长鸣，可惜归庄再也听不到这振奋人心的声音了！

为了镇压汉族人民的反清斗争，康熙皇帝利用汉族败类来屠杀汉族人民，也利用这些败类来充当他的特务和鹰犬。在西北，他利用死心塌地的汉奸张勇，把当地的反清武装力量镇压下去，并加封张勇为“一等侯”；又封张勇的儿子张云翼为大理寺卿，相当于警察总监和特务头子的角色，以加强其特务统治，利用他来严密监视明朝遗民的活动。顾炎武与当时在湖南的王夫之等人一样，都是清廷重点监视的对象。由于当时有不少人为躲避南方的战乱而跑到北方，盛传南方的反清复明军队将士对顾炎武特别崇敬，这就使张云翼把他的特务活动的重点放在了西北，具体地说，就是放在监视顾炎武和他的朋友们身上。于是，几乎整个西北就都在张勇父子的恐怖和血腥的控制之下了。这对顾炎武在西北的活动十分不利，使得他很难有所作为。然而，他却依然在频繁地奔走着、活动着。

康熙十四年（1675）八月，顾炎武又去了山西祁县学者戴廷栻的丹枫阁与朱彝尊等友人相会。戴廷栻，字枫衷，号符公，明朝的贡生，任曲沃教谕。清军入关后，坚守民族气节，隐居不仕。他居住的丹枫阁，与冒辟疆居住的如皋水绘园一样，都是当时具有反清思想的遗民士大夫经常聚会的地方，所谓“南有水绘园，北有丹枫阁”是也。戴廷栻为顾炎武筑室南山，顾炎武在此住到第二年正月，就又奔赴山东。在山东，他作《汉三君》诗，仍然对南方的反清斗争寄予希望。

康熙十六年二月，顾炎武在北京再谒十三陵，作诗痛斥“虏主”康熙。诗的题目是《陵下人言，上年七月九日，虏主来献酒，至长陵，有声自宝城出，至祾恩殿，食顷止，人皆异之》。诗中描写了康熙皇帝及其侍从们拜谒十三陵时忽闻隧中传来巨大的声响，吓得面容改色、仓皇鼠窜的狼狈情景。同时，诗中还表明了顾炎武恢复故国山河的坚强信念，如说“昭陵石马向天嘶”，乃是在呼唤像唐朝的西平王李晟那样的英雄豪杰来收复京师、实现唐朝的中兴；又自比周代的著名忠臣苌弘，用苌弘所说的“先君之力可济”之意，来表达他对民族复兴的憧憬。

清廷的“禁网日益密”，也就必然伴随着政治上的日益黑暗。三藩反清期间，顾炎武为了随时了解战局的进展，经常去北京探听消息。在徐乾学府上，他目睹了一些官场上的黑幕。他在诗中悲愤地写道：“蓟门朝士多狐鼠，旧日须眉化儿女。生女须教出塞妆，生男要学鲜卑语。”他六十四岁那年，徐乾学南归，想邀请潘耒到他府上当幕僚。顾炎武乃致函劝阻：徐乾学的官当得愈大，幕僚也就愈多，但留下的都是谄佞之徒，正直的人都走了，如今他要请你来，不过是“欲延一二学问之士以盖其群丑”而已，你愿意与那些蝇营蚁附之流为伍吗？

京城官场的黑暗、徐府上豪奴狎客朋比为奸的情形简直让顾炎武忍无可忍，加上南方的战局并不像他期待的那么顺利，因而他不时将火气倾泻到在朝廷做官的外甥徐乾学、徐元文、徐秉义兄弟的头上。有一次，徐氏兄弟留他吃晚饭，他入座不久就要还寓，徐乾学等请终席张灯送归，他作色道：“世间惟有淫奔纳贿二者皆于夜行之，岂有正人君子而夜行者乎！”徐氏兄弟也只有曲意随顺他。

当然，顾炎武的多次北京之行也并非全无收获。除了了解时局的进展外，他还结识了一些新的朋友，了解到黄宗羲、王夫之等人的情况。康熙十五年的秋天，他在北京见到了黄宗羲的学生陈锡嘏和万斯同，由此而获悉了黄宗羲的近况。在此期间，他把黄宗羲的《明夷待访录》反复读了多遍，并且作《与黄太冲书》，对这部杰作给以高度评价。大概与此同时，他还会见了来自湖南的僧人元瑛，听到了王夫之等人的消息，既为他们坚守民族气节而感到欣慰，又为故国的沦亡而不胜伤感。于是奋笔疾书，写下了题为《楚僧元瑛谈湖南三十年来事作四绝句》的诗篇。其中第一首就是咏王夫之的，诗云：“共对禅灯说《楚辞》，《国殇》《山鬼》不胜悲。心伤衡岳祠前道，如见唐臣望哭时。”诗中既讴歌了王夫之矢志不渝的爱国情操，也抒发了自己绵绵无尽的故国之思。

康熙十八年（1679）三月，顾炎武东出潼关，前往河南。十九日到达嵩山会善寺，然后前往少林。在少林寺，他与寺院长老惠瑒等人作了一番交谈。“寄语惠瑒流，勉待秦王至”，希望少林寺的僧人们勿忘当年帮助秦王李世民建功立业的辉煌历史，重振少林雄风，作好反清武装起义的准备。

抗拒博学鸿词科征召

清廷之所以能把各地的反清斗争镇压下去，并不是因为得人心，而是因为心狠手辣。吴三桂的军队与清军长久对峙于长江流域及洞庭湖一带，战局对吴三桂十分不利。有人建议吴三桂掘荆江上游之堤，以洪水来淹没屯驻在荆州至洞庭湖一线的百万清军，吴三桂却考虑到湖南、湖北的民众也会随之遭殃，遂不用此策。刘献廷在《广阳杂记》中记下了这件事，并且颇带感情色彩地写道：“予为沈（沉）吟感叹者久之。”与动辄屠城、滥杀无辜的清军相比，吴三桂总算是天良未泯。康熙十七年（1678）三月，吴三桂见气数将尽，便在衡州称帝，国号大周，年号昭武。吴三桂当年曾为虎作伥，虽已反正，但此时却自己做了皇帝，令许多明朝的遗民们大失所望。同年八月，吴三桂病死，其大周朝亦大势已去。

同年，清廷为拉拢汉族士人，特别是一些素负重望的遗老，准备纂修《明史》，开博学鸿词科，令朝臣及各省督抚推荐人选。康熙皇帝的老师、大学士熊赐履邀请顾炎武协助他修《明史》，顾炎武回答说："愿以一死谢公。"他的同乡、内阁学士叶方蔼等人要推荐他参加博学鸿词科的考试，亦遭到严词拒绝，他十分愤怒地说："七十老翁何所求？正欠一死。若必相逼，则以身殉之矣。"他的外甥徐乾学知道，如欲强逼，其舅必死，便向有关方面陈说顾炎武志不可屈之意，当局只好作罢。从此以后，他再也不进京城。他说那些要推荐他出仕的人都是些政治娼妓，干的是逼良为娼的勾当。那些跪在清朝皇帝面前自称"奴才"的人引以为荣的事情，他却看作对自己的莫大侮辱。顾炎武拒绝清廷威胁利诱的消息传到江南，常熟爱国人士吴龙锡为之感叹，欣然赋诗云："终南山下草连天，种放犹惭古史笺。到底不曾书鹤板，江南惟有顾圭年。"

康熙十八年春，清廷的各省督抚迫令被荐参加博学鸿词科考试的人赴京，其情形如同抓人一般。李二曲被绑架到西安城郊时，拔出刀来要自杀，这才未能成行。傅山则被强行用木板抬到北京，到京后既不肯下跪，也不肯应试，主管官员无奈，只得将他放回。但是，面对博学鸿词科的诱惑和清廷的逼迫，顾炎武的一些朋友，如李因笃、朱彝尊等人动摇了。李因笃目睹清兵要强行绑架李二曲去北京，而二曲宁死不从，生怕发生意外，就在一旁劝二曲姑且顺从他们。顾炎武听说此事，写信对李因笃大发脾气。李因笃自觉心中有愧，在应考授官后辞去了官职。潘耒也在清廷的地方当局强迫下参加了考试，被录取为二等二名，授翰林院检讨。潘耒要求辞官，被当局拒绝。

对于李因笃、朱彝尊、潘耒等人未能抗拒博学鸿词科的征召，顾炎武既表示惋惜，也表示了宽容。惋惜的是他们未能保持志节；而宽容，则是基于对清廷残忍手段的认识，因为他看到的淋漓鲜血太多了，不忍他的朋友和学生再遭劫难。而顾炎武自己，则在《寄次耕时被荐在京中》诗中表达了誓死不与清朝统治者合作的信念和以死抗争的决心："嗟我性难驯，穷老弥刚棱……为言顾彦先，惟办刀与绳！"

绝笔之诗

顾炎武虽然逃过了博学鸿词科的牢笼，却遭到了清廷的更为严密的监视。在这期间，不断有当局派人来找他，以聘请为名，实际上是想把他管制起来。康熙十七年冬，甘肃提督、靖逆侯赠少师兼太子太师张勇之子张云翼奉其父之命请他去兰州，遭到拒绝。不久，又有川督周某要请他去西安，陕西的潼商道大员、理学家胡戴仁要聘请他去官署，他都坚辞未往。最后是华阴县令迟维城亲自来请他，亦被他婉拒。

康熙十八年十二月，时任大理寺卿的张云翼突然深夜造访。时值数九寒冬，月黑风高，沉睡中的顾炎武不得不起来接待这些不速之客。显然，访问是假，侦探、搜查是真。这种极其卑劣下流的行径令顾炎武十分愤怒。过后，他写了一份《复张廷尉书》，信中道破了张云翼充当清廷特务和鹰犬的真实面目。

康熙二十年八月，由于清廷的监视和迫害加剧，顾炎武不得不离开他特别钟情的陕西华阴，东渡黄河，前往山西曲沃。在曲沃，他住在一个名叫"宜园"的处所。十月，清军攻入昆明，吴三桂的孙子吴世璠服毒自尽，而昆明军民则遭到了一场惨绝人寰的大屠杀。至此，持续数十年之久的反清斗争可以说是完全失败了，顾炎武也彻底失望了。他在此后写的《酬李子德二十四韵》的五言古体长诗中，悲凉地发出了"一身长飘落，四海竟沦胥"的哀叹。这首诗竟成了他的绝笔诗。明朝"沦胥以亡"了，反抗清朝军事贵族民族压迫的武装斗争也被完全镇压下去，孑然一身的顾炎武亦将从此"长飘落"而去，这是何等执着的民族情结啊！

就在顾炎武发出“一身长飘落，四海竟沦胥”的悲叹以后，没过几天，即康熙二十一年（1682）的正月初八，他在上马时失足坠地，遂卧病不起。第二天，这位终身为民族复兴奋斗不息的伟大的爱国志士便与世长辞了，享年六十九岁。

同年三月，顾炎武的五弟顾纾从江南来到山西曲沃，与顾炎武的嗣子顾衍生一起，扶灵柩南归，葬于昆山顾氏家族的祖坟旁边。至此，北游二十五年的顾炎武总算回到了江南故里。

第 2 章

顾炎武的思想

一、哲学思想

顾炎武的哲学思想，具有三大问题意识：一是从本体论上解决读书人“置四海之困穷于不言，而终日讲危微精一之说”；二是从认识论上解决“专用心向内”、只重“德性之知”而排斥“见闻之知”、以致“士无实学”；三是从历史观上解决如何认识社会发展的辩证规律，为“通变宜民”的社会改革提供哲学依据，并坚定民族复兴之信念。顾炎武以《易》为宗、以史为归的哲学思想，正是围绕着以上三大问题意识而展开的。

“唯物唯变”的本体论思想

宋明理学，尤其是程朱理学，有两大理论支柱：一是被神化为“孔门传授心法”的“虞廷十六字诀”，即“尧舜相传所谓危微精一之言”；二是道教的《太极图》。

所谓尧舜相传的“危微精一之言”，又称“虞廷十六字诀”或“孔门传授心法”，即“人心惟危，道心惟微，惟精惟一，允执厥中”十六个字。这是二程、朱熹仿照佛教师徒之间“心印之法”的神秘授受，用以自我神化并借以论证理学的根本宗旨而祭起的一个理论法宝，所谓“人心道心之辨”“天理人欲之辨”等等，就是从“危微精一之言”中引申出来的。有人曾论述过“危微精一之言”对于理学的生命攸关的意义：“从来讲学者，未有不溯源于‘危微精一’之旨。若无《大禹谟》（‘危微精一之言’的出处），则理学绝矣。”可见，“危微精一之言”犹如《红楼梦》中贾宝玉脖子上的那块通灵宝玉，是程朱理学的命根子和理论支柱。推倒了这一支柱，程朱理学的体系就会“忽剌剌似大厦倾”。顾炎武正是看准了这一点，因而针锋相对地提出了“举尧舜相传之所谓危微精一之言一切不道”的主张。他说程朱之学与孔子之学的根本区别就在于：孔子不讲“危微精一之言”却关心国计民生，而程朱理学则“置四海困穷不言，而终日讲危微精一之说”；朱熹“《中庸章句》引程子之言曰：‘此篇乃孔门传授心法。’亦是借用释氏之言”。这些论述，正是其致力于消解宋儒的先验本体论的一个关键步骤。

道教的《太极图》是程朱理学的又一重要理论来源。朱熹就是借道教的《太极图》来发挥其“无极而太极，是无极中有个至极之理”的天理本体论的。要消解程朱理学的先验本体论，就不能不“打破宋儒家中《太极图》”。因此，顾炎武对朱熹的观点给予了极为严厉的批评。他在《日知录》卷一《孔子论〈易〉》条中说：“圣人之所以学《易》者，不过庸言庸行之间，而不在乎图书象数也。今之穿凿图象以自为能者，畔（叛）也。”

顾炎武通过提倡经学来作为其倡导经世致用之实学的号召。他提出了“理学，经学也”的著名命题。他认为经学才是真正的理学，而宋以后的所谓理学则是禅学。因此，学者要以研究古经为根柢，而不必到宋明理学家的语录中去讨生活。对于《周易》在中国学术史上的地位，顾炎武予以极高的推崇，有“尽天下之书皆可以注《易》，而尽天下之书不能以尽《易》”之说。在顾炎武看来，《易》学是统摄一切的学问，是一切学问的核心和灵魂。他所赋予《易》学的这一地位，实际上已相当于我们今日对于“哲学”这门学科的属性的理解。

为了建立起自己的哲学本体论学说，顾炎武从学术源头上考察了“体”“用”范畴的产生及其内涵，并就此问题与李二曲往复论辩，以求确解。他认为“体”“用”二字出自《易》，《易》所讲的“阴阳合德而刚柔有体”与“显诸仁，藏诸用”才是体用范畴的真正起源。更值得注意的是，他通过对古代经传中的“体”“用”二字的语言学分析，概括出“天地之体用”与“人事之体用”，认为天地之体用在于“阴阳合德”，人事之体用在于“上下和同”，颇得中国古代哲学之精义。

针对一些宋明理学家割裂体用、空谈心性的弊端，顾炎武从先秦儒家学说的原典解读入手，来做一番正本清源的工作。他通过广征博引孔子的论说，并加以辨析精微、神交古人的诠释，来澄清后儒对于“夫子之言性与天道不可得而闻”的误解。他认为不是孔子不讲性与天道，而是说性与天道即在文行忠信之中，脱离了文行忠信就无所谓性与天道。他反对在自然和人事之外虚悬“性与天道”，就天道而言，孔子认为天道就在四时行、百物生之中，离开了四时行、百物生，就无所谓天道。至于讲到人事，性与天道也就在具体的社会人事现象之中，在士人的出处进退之中，不能也不应脱离生活与实践去空谈性与天道。顾炎武的这一观点，不仅是向着先秦儒学的复归，而且与左派王学家讲的“百姓日用即道”相一致，二者都反对脱离现实去讲先验的天道性命之理，主张从活生生的人类社会生活中去探寻人性的真谛和社会运作的规律。

顾炎武的本体论思想，是对张载的元气本体论的继承和发挥。他以物质性的“气”为世界之本原，以气的聚散来解释万物的生灭成毁，并以此说明一切具体事物存在的有限性和相对性；以气的感应来说明事物之间的相互联系，并以此来揭示事物之间同类相感的必然性；以气的盛衰和聚散来说明精神现象的存在和消亡，并以此批判“灵魂不灭”的观念；由此而发挥出一整套“唯物”“唯变”的哲学见解。

顾炎武从实体与样态互相依存的观点确认“气”为万物之始基，以万物的生灭成毁来论说本体存在的样态，提出以“气”为本原的“气之聚散论”。他首先明确指出：“盈天地之间者，气也。”气既是万物的本原，所以一切事物皆由物质性的气所化生。在顾炎武看来，气之为本体，并不是一种虚无缥缈的存在，它总是通过具体事物的生灭成毁来显现自身。所谓“唯物也，故散必于其所聚”，是说任何运动变化都是具体事物的运动变化，世界上既没有脱离了物质的变化和运动，也没有不发生任何运动和变化的物质；所谓“唯变也，故聚不必于其所散”，是说运动变化贯穿于事物存在的全过程，并不只是从气聚的状态到气散的状态才是变，气聚气散都是变。气的存在样态不仅仅是有聚有散，而且还表现在具体事物之间的相互联系和相互感应之中。他说：“一气之相感，如水之流湿，火之就燥，不期然而然，无不感也，无不应也。”这一论述，对作为本体的气的存在样态作出了既入乎其中而又出乎其外的哲学概括。

顾炎武坚持用物质现象去解释精神现象。他认为，所谓“神”只是“气”的机能和属性；但不是普通状态的“气”的机能和属性，只有“气之盛者”才具有这种机能和属性。天地之中，什么存在物才具有“神”的机能和属性呢？顾炎武说，是人：“神者，天地之气而人之心也。”气化生人，人为天地间气之最盛者，所以才有作为人的精神现象的“神”或“人之心”。他说佛教讲灵魂不灭，是不明白精神依赖于物质、人死后构成人体的原质的“气”已经消散的道理，因而其学说的根本弊病就在于“昧于散”；道教幻想人可以长生不死，是不懂得“气”有聚必有散、人根本不可能摆脱自然界发展变化规律的道理，因而其学说的根本弊病就在于“荒于聚”。他以十分简洁的语言将自己的气论与佛教和道教的唯心主义观念划清了界限。

顾炎武对于本体论问题的研究，有其十分明确的实践目的，即“明体适用”。从“唯物”“唯变”的本体论原则中，他引申出“非器则道无所寓”的道器论，“道”不在心性空谈之中，而在现实存在的自然界和人类社会之中，要认识道，就必须致力于认识自然，认识社会。这就为他进一步从认识论上解决“士无实学”的问题提供了本体论的依据。从“唯物”“唯变”的本体论中，他意识到人在宇宙中的地位和使命，为自强不息、与时偕行的实践观提供了哲学形上学的依据。也是从这一学说出发，他发挥出“有恒”的思想，为坚守民族气节、奉常以处变的个人道德践履提供了坚定的信念。

“博学于文”的认识论思想

为了解决读书人“专用心向内”，以至“士无实学”的问题，顾炎武不仅通过其对“博学于文”的理论论说，而且通过自己的身体力行，开辟了中国哲学知识论的前进方向。他的三大奇书——《日知录》《天下郡国利病书》和《肇域志》，就是致力于开辟中国哲学知识论前进方向的产物。

(1)“用心于内，近世禅学之说耳”

为了扭转空疏学风，顾炎武从总结明朝灭亡的教训入手，来揭露道学玄谈和空疏学风所造成的危害。他说，“五胡乱华”是晋朝人的清谈造成的，而如今的清谈，更胜过以往。晋朝人的清谈是谈老庄，如今的清谈则是谈孔孟。读书人不习六艺之文，不考百王之典，不综当代之务，以明心见性的空言，来代替修己治人的实学，最终导致了神州荡覆、宗社丘墟的悲惨结局。他又说，晋朝的王衍善于玄谈，最后被游牧民族的军事首领石勒所杀，临死前才如梦初醒，说如果不祖尚浮虚，戮力以匡天下，是不会有当日的杀身之祸的。人之将死，其言也善，如今的君子们重温王衍的这一遗言，难道不感到惭愧吗？

针对宋明理学的性理空谈，顾炎武提出了“博学于文，行己有耻”的治学宗旨。他认为“博学于文”应包括两大知识部类：一是自然知识和工艺知识，二是社会历史的知识。他强调“士当求实学，凡天文、地理、兵农、水土，及一代典章之故不可不熟究”，又说“孔子未尝不求之象数”，其所谓“下学而上达”，下学是“尽器”，上达是“达道”，达道必须通过“求之象数”即“尽器”的途径。这是顾炎武在认识论上的首要贡献，即不仅重视道德伦理的知识，而且还十分重视对于自然的科学认知，从而极大地扩大了认识的对象和范围，把人们引向对于自然知识和社会知识之探讨的广阔天地。

他批评了以天文、地理、数学等知识门类为“末艺”的观念，以否定长期以来深入读书人心灵的“道本艺末”“重道轻艺”的传统观念。他说在中国古代的文化经典中，既有讲“七月流火”的天文知识，也有“相其阴阳”的地理知识，有数学的知识，还有射箭和骑马的军事知识等等。这些在古时候几乎人人知道的知识，如今却成了绝学。儒者们说，这些知识不过只是一些技艺而已，不懂也没有什么害处。顾炎武认为这是宋明道学家用来掩饰其空疏的说法。他指出，宋儒以学习六艺为“小学之事”，而以其心性之学为“大学”，而孔子则教人以六艺，并以“游艺”为学之成，这是孔子之学与宋明道学的显著区别。

受西方传来的天文历法知识的影响，顾炎武对天文学表现出很大的热情，把精通天文学看作“学究天人”的必由之路。他为中国古代天文学的发达感到自豪，也为后世文人学士不懂天文而感到悲哀，并肯定西方传入的天文历法知识的精密。他说三代以上，人人皆知天文：“七月流火”是农夫之词，“三星在天”是妇人之语，“月离于毕”是戍卒之作，“龙尾伏晨”是儿童之谣，但后世的文人学士，却很少有知道这些天文知识的了。他又说：“学究天人，确乎不拔，吾不如王寅旭。”这位备受顾炎武推崇的“学究天人”的学者，就是明末清初会通中西的著名天文历算学家王锡阐。王锡阐（1628~1682）是顾炎武在惊隐诗社结识的一位好朋友，他不仅“诗文峭劲有奇气”，而且“尤勤历象之学”，是一位“精究推步，兼通中西之学”的天文学家。他于清康熙二年（1663）十月写成的《晓庵新法》一书，就是一部杰出的天文学名著。

在《天下郡国利病书》中，顾炎武详细论列了天文气象、农田水利、采矿、制盐、造船、航海、海战和内陆河流湖泊的水战等各方面的知识。特别令人惊异的是，他已经开始研究“船坚炮利”的问题。《天下郡国利病书》第六册《苏松》畅论战舰、火器及战守之策。在论“火器”的部分，他介绍了西方传来的枪炮的不同种类，包括佛郎机的火炮、以铜铁为管的鸟铳、射程达四五里的百子铳，以及杀伤力极大的六合炮等等，顺带讲到了制造技术；在论“战舰”部分，他介绍了可载士兵百人、“矢石火炮皆俯瞰而发”的福船，与福船协同作战的哨船，“可接济福船之所不及”的苍船等等。由此可见他对时代发展所提出的重大现实问题的敏感和关注。

(2)“内”与“外”“心”与“物”——论认识中的主客体关系

在宋明理学家中，无论是二程、朱熹，还是陆九渊，都是主张“用心向内”的。二程把学问与道德对立起来，认为博学于文无益于德，不是君子所做的事。朱熹说得更彻底：“向内便是义，向外便是利”，“向内便是入圣贤之域，向外便是趋愚不肖之途”。对于宋明理学家“务矫之以归于内”的致思倾向，顾炎武作了严厉的批评。

针对二程以“不求于内而求于外，非圣人之学”的观点，顾炎武批评说，人的知识不是靠“用心于内”而得来的，而是靠学习和实践得来的。孟子讲“学问之道无他，求其放心而已”，二程发挥说“圣贤千言万语，只是欲人将已放之心，约之使反，复入身来，自能寻向上去，下学而上达也”。顾炎武说二程完全错误地理解了《孟子》的意思，孟子是说“能求放心，然后可以学问”，并不是以求放心为学问。他认为儒家学说并不是不讲心性，例如《孟子》中就有很多讲心性的话；但是圣人的学说与“今之君子”的学说的本质区别就在于：圣人的学说是注重道德践履和社会政治实践的学说，而“今之君子”的学说则是空谈心性的学说，这就与佛家的“内典”没有什么差别了。针对朱熹的“专用心于内”之说和陆九渊之所谓“曾子之学是里面出来”的说法，他批评说，孔门未有专用心于内之说，用心于内，是近世禅学之说。

顾炎武认为，无论是老、庄、禅宗，还是宋明道学，之所以要“禁治”人心，就在于使人“不得有为”；可是，人心是禁治不了的，人天生就有生活的欲望、认识和实践的欲望，客观世界作用于人们的感官和思想，所谓“不动心”乃是自欺欺人的说法，根本就不可能做到；问题的关键在于如何发挥“心”的能动作用，“存此心于当用之地”。他区分了两种“存心”：一种是“摄此心于空寂之境”的所谓存心，另一种是发挥“心”的能动作用去认识事物，“裁物制事”。前者是游手浮食之徒的观念，是懒汉的哲学；更有甚者，当一个人的思想感情完全僵化冰结以后，势必与客观世界格格不入，导致对人世生活的敌视，从而说出种种不近人情的话，做出种种残酷而违反人性的事来，这就是顾炎武所讲的“老子之弊流为申、韩”的道理。这一观点，与王夫之痛斥宋儒为“申韩之儒”的观点完全一致。

(3)“下学”与“上达”“博”与“约”——论认识的辩证过程

顾炎武在阐明认识中的主客体关系的基础上，又进而对认识的辩证过程作了深入的探讨，对认识过程中的“下学”与“上达”“博”与“约”的辩证关系作了深刻的论说。

他明确认为，只有深刻了解客观事物的本质和规律，才能在实践中取得成功；而对于客观事物的本质和规律的认识，也只有通过实践才能获得。他说，讲东南水利的人，莫不以宋朝人的著作为宗，然而自宋朝以来，河渠的乍分乍合、迭湮迭浚，不知道发生了多少变化。“以书御马者，不尽马之情；以古治今者，不尽今之变。善治水者，固以水为师耳。”他以此说明，客观事物是在不断发展变化的，人们的认识也应随之发展变化，绝不能盲从本本。而要获得对已经发生变化了的客观事物的正确认识，就只有通过实践。只有现实的生活与实践，才是人类的真正老师；也只有生活和实践，才是人类知识的真正来源。

下学而上达的过程，也就是由博返约的过程。顾炎武主张，要善于把对于事物的感性认识和杂多的知性认识，经过“观其会通”的思维工夫，将其上升到理性认识的高度。他说，人不仅要有“多见而识”的感性认识，而且要更进一步，从感性认识上升到理性认识；从“多见而识”到“一以贯之”，是运用归纳的方法，从纷纭杂多的感性认识中总结概括出具有一般性的理性认识的过程，亦即由博返约的过程。

顾炎武还看到，认识的过程还有另外一个方面，即运用演绎的方法，“举本以该末”，由抽象到具体的方面。如孔子的教学法：“其教门人也，必先叩其两端，而使之以三隅反。”所谓举一反三，就是运用演绎推理，从抽象上升到具体的认识方法。但他强调，对这一方法的运用不能简单从事，在触类而通的认识过程中，必须考虑到具体事物的特殊性：“天下之变无穷，举而措之天下之民者亦无穷，若但解其文义而已，韦编何待于三绝哉！”他的这一观点，可以说是很合乎认识论的辩证法原理的。

他强调，认识的目的是指导实践：对于真正的君子来说，治学的目的不是利已，所以就不能只关注个人的身心，而必须研究现实的社会，指导社会实践。在明清之际的特殊历史条件下，就是要着重总结先进的汉民族为什么会被落后的游牧民族所征服的历史教训，思考如何以“明道淑人之心”而为“拨乱反正之事”，把民族从亡国的惨祸中拯救出来。因此，就必须把读书人从空谈心性的理学桎梏中解放出来，重新恢复我们民族注重社会实践的优秀传统。

(4)“天下之理无穷……不容以自限”——论认识的多样性和认识的无限发展

顾炎武的认识论，绝没有朱熹那种“一旦豁然贯通，则众物之表里精粗无不至”式的虚妄。他是一位真正求知的人，深知真知难求，个人的认识能力实在有限，所以他总是充满着一种对于在认识中很容易犯错误的“理性幽暗意识”。

他把思想僵化看作横在追求真理的道路上的最大绊脚石。他说：“学者之患，莫甚于执一而不化。”固执于某种教条，就会导致独断论，堵塞认识发展的道路。他认为“独学无友，则孤陋而难成”，主张“问道论文，益征同志”。他十分欣赏《诗经》中的“他山之石，可以攻玉”这句话，主张治学要“不存门户方隅之见”“不求异而亦不苟同”。他引用孔子“三人行，必有我师”的说法，并深有感触地写道：“非好学之深，则不能见己之过；虽欲改不善以迁于善，而其道无从也。”这句话正是顾炎武一生治学的经验总结。

在与朋友的交往中，他受到了很多有益的启迪。他本来是一个有浓厚复古思想的人，在《音学五书序》中，他甚至说：“天之未丧斯文，必有圣人复起，举今日之音而还之淳古者。”他的这一复古思想，受到傅山的善意批评。有一天早晨傅山喊他起床，说：“汀芒久矣。”顾炎武感到奇怪，问他说的是什么意思，傅山说：“子平日好谈古音，今何忽自昧？”顾炎武不禁为之失笑。古人读“天”为“汀”，读“明”为“芒”，“汀芒久矣”就是天亮很久了的意思。傅山寓批评于调侃之中，使顾炎武深受启迪。

顾炎武学问堂庑宽广、博大精深，颇为学界所推崇，但他绝没有天下第一的骄矜，更没有丝毫文人相轻的陋习。他总是看到自己学问的不足，对同时代其他学者的长处予以高度推崇。当时有一位学者叫汪苕文，写了一篇《与人论师道书》，说当世有二人可为经师，一是顾炎武，一是李天生。顾炎武读了这篇文章后，作《广师》一文，认为汪苕文对自己的推崇是“过情之誉”，并列举了一个名单，说“学究天人，确乎不拔，吾不如王寅旭；读书为己，探赜洞微，吾不如杨雪臣；独精三礼，卓然经师，吾不如张稷若；萧然物外，自得天机，吾不如傅青主；坚苦力学，无师而成，吾不如李中孚……”。阎若璩实际上是顾炎武的门生，顾炎武作《日知录》，阎若璩为之驳正若干条，顾炎武欣然采纳，可见他是何等谦虚。

正因为顾炎武意识到人的认识能力的局限性，所以他认为真理的追求乃是一个无限的过程。在所谓“绝对真理”与“永远追求”二者之间，他毫不犹豫地选择了永远追求：“吾见其进也，未见其止也。有一日未死之身，则有一日未闻之道。”“盖天下之理无穷，……故昔日之得不足以为矜，后日之成不容以自限。”他认为人类的认识和实践是不断发展的，后人的认识和实践水平必定胜过前人：“谓后人之事必不能过前人者，不亦诬乎。”他的这一认识，应该说在理论思维上达到了很高的水平。

“通变宜民”的辩证法思想

顾炎武哲学思想的第三大问题意识是，如何认识社会发展的辩证规律，为“通变宜民”的社会改革提供哲学依据，并树立对于民族复兴的坚定信念。为了解决这一关系民族前途和命运的重大理论问题，他精研《易》理，将“惟物”“惟变”的哲学认识，特别是关于事物辩证发展的观念运用于社会历史领域，提出了很多深刻的见解。

(1)“势有相因而天心系焉”——通古今之变的历史辩证法思想

顾炎武的哲学思想，以《易》为宗，因而充满了辩证发展的观念。从事物的共时性存在的方面，他看到了差异和矛盾的普遍性。他认为，一部《周易》，正是对事物的差异和矛盾的认识：“物之不齐，物之情也。六十四卦岂得一一齐同。”他认为事物的差异和矛盾是具有普遍必然性的客观存在，因而不可能用一种尺度去要求事物一一齐同，不可能消解事物的差异和对立。

从事物存在的历时性的方面，他看到了自然界的变化日新：“天地则已易矣，四时则已变矣，其在天地之中者，莫不更始焉。”事物的静止状态是相对的，而运动发展变化则是绝对的：“《易》不可为典要，惟变所适。”他不仅以发展变化的观点去看自然，而且也以发展变化的观点去看社会。他认为无论是自然界还是人类社会的发展都是有规律可循的，“造化人事之迹有常而可验，变化云为之动日新而无穷”。

从事物的共时性存在和历时性存在之统一的观点，他揭示了矛盾引导前进的辩证法则。他继承了《周易》的阴阳学说和史伯所提出的“和实生物，同则不继”的辩证法发展观，以及张载关于“一”与“两”之关系的学说，作出了“天地之化，专则不生，两则生”的新的哲学概括。他把“两”——即构成万物之原质的“气”所具有的阴与阳两种属性看作“天地之化”的源泉，把事物自身所固有的矛盾性看作事物存在的依据与运动变化的内在动力，并把孔子关于“君子和而不同”的观点上升到“天地之化”的规律性的高度来认识，在社会生活中反对“剸同”，主张兼容差异和对立。这是一种对于事物发展的对立统一规律的朴素认识，然而却是一种颇为深刻的认识。

他把辩证发展的观念用于观察社会历史，发现在人类社会中起决定作用的，并不是宋儒的先验之“理”，而是客观存在的“势”。因此，他不再以宋儒的先验的天理史观来论说历史，而是从人类的生活和实践中去探寻历史的规律，提出了“势有相因”的历史演化观。“势”包括以下几层含义：

一是指在事物的发展过程中一定要贯彻下去的趋势或必然性。例如，他用“势”来说明人皆有私、人必有私，以及这种私心如何驱使读书人不择手段地去追求官本位体制中的经济政治特权：“人之情孰不为身家者？故日夜求之，或至行关节，触法抵罪而不止者，其势然也。”

二是指对人的行为起决定作用的某种特定的社会历史条件。例如，他以“势”来说明为什么如今的官员远比唐宋时期的官员贪污数额巨大：“近代之贪吏，倍甚于唐、宋之时。所以然者，钱重而难运，银轻而易赍；难运，则少取之而以为多，易赍，则多取之而以为少。非唐、宋之吏多廉，今之吏贪也，势使之然也。”

三是指矛盾的双方在一定的条件下向着其相反的方面转化的态势。他以乐毅伐齐的故事来说明“天下势而已矣”的道理。据司马迁《史记》记载，乐毅伐齐，激战五年，攻下七十余城，尚未来得及攻下最后两城，就被齐人反攻而失败。顾炎武认为，之所以会造成这种状况，并不是“齐人之怯于前而勇于后”的缘故，而是因为“势”——战场上的态势发生了很大的变化，战局从有利于燕国方面向着有利于齐国的方面转化了。

顾炎武不仅作出了“天下势而已矣”的哲学概括，而且深化了对于“势”的理论探讨，提出要认识“相因之势”，探询“势”之所以形成的因果关系和其中的辩证转化的环节。

他认为“势”的形成有一个积渐的过程。传统的观点都认为，废封建、立郡县是从秦始皇开始的。而顾炎武则不同意这一看法，他以大量的历史事实证明，早在秦统一以前，郡县制就已经在各诸侯国中普遍存在了，春秋时就已设县，战国时就已设郡，郡县制的形成乃是中国历史长期发展的结果，是势之所必至。至于所谓“罢侯置守之始于秦”的说法，乃是儒生不通古今的见解。这一论述，不仅纠正了长期以来人们习以为常的一大错误观念，而且还天才地猜测到了社会历史领域中的质量互变规律的原理。

他认为“势”的发展取决于其内在矛盾的辩证转化。他看到，同一种“势”中潜伏着内在的矛盾，这种矛盾在旧的社会矛盾解决以后，就会从原先的次要矛盾上升为主要矛盾。他说，秦末群雄并起，是为了推翻秦朝，没想到刘邦、项羽又打了五年；李渊在晋阳起兵，是为了推翻隋朝，但后来却花了十余年时间才平定了王世充、窦建德等割据势力。这种由相因之势所造成的矛盾转化，是不以人的意志为转移的；人们要善于在矛盾尚且处于萌芽状态时及早发现矛盾，预测其在一定的条件下上升为主要矛盾的可能性，做好处理新的社会矛盾的准备。

顾炎武认为，一切相因之势都是人的活动所造成的，因此，历史规律也就寓于人的活动之中，而民心实为制约历史发展的最重要的因素。所以顾炎武说“圣人以人占天”，“势有相因而天心系焉”。他以汉室中兴的历史事实来说明这一观点，认为汉光武帝之所以能实现汉室的中兴，就在于既有新市、平林两支农民武装为之先驱，又有大乱之后人民普遍向往社会安定为其成功的社会心理基础。所谓“天心”，实为民心。

他认为，要认识历史的规律，只有从人的历史活动所造成的相因之势中去认识；而只要人们从相因之势中认识到历史发展的辩证法则，就可以据此以预测未来，并破除对于历史的神秘主义观念。文天祥被元军捕获后，作诗说：“闰位适在三七间，礼乐终当属真主。”数十年后明太祖起而其言验。他说文天祥的预言之所以应验，并不是因为他有什么神秘的术数，而是因为他深谙历史的规律性。

(2)“夫其顺数已往，正所以逆推将来也”——对社会发展的辩证规律的认识

顾炎武不仅从“势”的发展变化中总结出矛盾的双方无不在一定的条件下向着其相反的方面转化的辩证法则，而且还猜测到，在历史的发展中，似乎隐然有一个先肯定、再否定、再否定之否定的规律在起着作用，并将此种带有规律性的认识运用于社会改革方案的设计。

例如，他意识到，从封建制到郡县制是历史发展的大势所趋，但在“郡县之弊已极”的情况下，就将出现一个“寓封建之意于郡县之中”的更高的发展阶段。郡县制否定封建制是第一次否定，但否定郡县制的绝不是封建制，而是在更高的基础上向着其出发点的复归。所谓“寓封建之意于郡县之中”，就是说在未来新的行政体制的设置中，将包含历史上先后出现过的行政体制的合理因素。

又如，他还意识到，社会的发展有一个由“质”到“文”、又有一个在更高的基础上向着“质”复归的倾向。他认为，中国社会从黄帝、尧、舜的时代起，开始“变质而之文”，文明的发生取代了原始的质朴；经过几千年的发展，到了明朝万历年间，更呈现出“世变日新，人情弥险”的状况。在这种情况下，怎样才能使民风重返质朴淳厚呢？回答是：“必以厚生为本。”他似乎已经意识到，只有通过发展经济，使社会的物质财富极大地丰富起来，使得人们不需要奸伪就可以满足其物质生活要求以后，才可能使人性在更高的基础上重返原始的淳朴。由此可见，他不仅具有历史进化的思想，而且已经猜测到社会发展进化的某些辩证规律。

(3)“天道有盈虚，智者乘时作”——对于“时”与“变”之义的哲学探讨

基于对社会发展规律的考察，顾炎武从《周易》中发挥出“过中则变”的“时”与“变”之义。他说：“道之污隆，各以其时。”人们的历史活动，总是受到特定的社会条件的制约，要善于审时度势，把握变革的时机。他认为，只有在事物的发展“过中”，即开始向其相反的方面转化的时候，才是变革的时机成熟之时；此时见机而作，就能取信于人。他坚信：“斯道之在天下，必有时而兴。”

他通过考察历史，证明了历史上从来就没有一成不变的制度，他从时代的变化和“百王之治至殊”的历史事实中看到，“天下之变无穷，举而措之天下之民者亦无穷”。但他也看到了改革在中国所具有的特殊的艰难性，他说中国的任何事情都只有在“穷”——穷途末路、不得不变之时才会变；否则，纵然是再好的改革建议，也不会被统治者所采纳。另一方面，他也看到，某种改革措施的实行又确实需要一定的时机；只有改革的时机成熟了，才可能尽量做到有利而无弊或利大于弊。面对明末社会的严重危机，顾炎武认为传统的制度已“居不得不变之势”，因而表达了对于改革的强烈愿望。

在清朝军事贵族的统治日益巩固、任何反抗都只能遭到血腥镇压的情况下，顾炎武无可奈何地发出了“取果半青黄，不如待自落”的哀吟；但他始终对民族的复兴充满信心，认为清朝的统治终将有盛极而衰的一天，不可能逃脱事物发展的辩证规律。他寄希望于社会发展的未来，但他强调，不应只是消极地等待时势的到来，时势毕竟是由人所造成的，人力所至，或可回天，由此发挥出“人定能胜天”之义。他认为，在民族复兴的时势尚未到来的情况下，不应委天任运，无所作为，而应努力为民族的未来复兴创造必要的条件，包括思想文化方面的条件。为民族的复兴准备思想文化的条件，正是晚年顾炎武身体力行的努力祈向。

二、史学思想

顾炎武一生十分重视历史学研究，写了大量的史学著作。他的三大奇书——《日知录》《天下郡国利病书》《肇域志》，实际上都是史学著作；他的《音学五书》，是研究中国古代音韵史的著作；他的《圣安纪事》《明季实录》，是研究晚明史的著作；更有《山东考古录》《昌平山水记》《历代帝王宅京记》等书，是研究历史地理学的著作。他在史学思想方面的理论建树，主要表现在史学观、史学方法论和史学价值论三个方面。

以历史学家的眼光研究经学

顾炎武在史学研究方面的重大贡献，首先就在于他突破了神化“六经”的传统观念，通过以历史学家的态度来研究“六经”，在中国史学史上第一次对“六经皆史”的命题作了具体的论证；他以历史主义的眼光来考察经学的源流，使中国经学史的发展脉络得到了初步的梳理，实事求是地肯定了汉唐学者对于儒学研究的贡献，有力地批判了宋儒割断历史、全盘否定汉唐儒学、借以自我神化的“道统论”。他把经学纳入历史学研究的范畴，作出了建立以史学统摄经学、经史合一的历史科学的宝贵尝试。

（1）“其文则史，不独《春秋》”——“六经皆史”的历史学论证

顾炎武继承了前辈学者提出的“六经皆史”的思想，致力于经学之祛魅。他说在“六经”中，史书不仅是《春秋》，“六经”都可以看作史书。又说“今人以为圣人作书，必有惊世绝俗之见，此是以私心待圣人”。强调要以历史学家的眼光去看待古代圣人的经典，一切古代经典都不过是历史的记载，无须加以人为的神化。他把这一思想贯穿于以史解经、以经证史的学术研究之中，从而对“六经皆史”的命题作出了颇有说服力的具体论证。其中，尤以对《周易》《诗经》《尚书》的论述最具特色。

顾炎武认为《周易》中所记载的多为周代史事。《周易》所载，又不局限于“当文王与纣之事”的时代，还涉及周族的发源史等等。例如，他从《周易》“过其祖，遇其妣”的爻辞，考证出“妣先于祖”，即母系氏族社会先于父系氏族社会的史实。他一方面借助于对《周易》爻辞的解读，另一方面又借助于《周礼》和《诗经》所提供的史料，二者互相印证，以证明

先妣是比先祖更早的祖先，在男性祖先之前，还有一个不知道谁是她的配偶的女性祖先的时代，如作为周人祖先的姜嫄即是。从这些论说中，我们得以知道，在崇拜男性祖先的父系氏族社会之前，还有一个崇拜女性祖先的母系氏族社会。

顾炎武认为《诗经》中的诗歌的次序，原本是按照史事发生的年代先后编排的，正如《春秋》的年月一样，《诗经》是一部以艺术的形式出现的编年史。他运用《左传》和《仪礼》所提供的关于《诗经》的本来编次的史料来证明这一观点，并断言《诗经》的次序之所以混乱不堪，是汉初经师移动其次序的结果。他力主恢复《诗经》本来的排列次序，例如“召伯营之”是周宣王时期的诗，应该移到前面；《硕人》是庄姜初归时的诗，也应该移前，而《绿衣》《日月》《终风》乃是为庄姜失位而作，则应该后移。又如《十月之交》有“艳妻”之云，明显是指周幽王，而所谓“褒姒灭之”，也是周幽王时期的诗，都应该移到后面。如此等等。这些论说，不仅在相当大的程度上据实恢复了《诗经》按史事发生年代的先后排列的本来次序，说明我们中华民族也有自己的古代史诗或诗史；而且在以史解《诗》、以《诗》证史方面，也达到了一种方法论的自觉。

顾炎武还证明，在“六经”中，《尚书》和《诗经》在编撰体例上具有内在的联系，即都是按照史书的体例来编撰的：“《何彼秾矣》以庄王之事而附于召南，其与《文侯之命》以平王之事而附于《书》一也。”理由是，《何彼秾矣》乃“二南之遗音”，且其所反映的历史事实乃是对“周之旧典”的延续；而《文侯之命》之所以附于《尚书》，则是为了说明“申侯之伐，幽王之弑，不可谓非出于平王之志者矣”。二者之所以在编撰上作如此安排，都是为了说明历史的承续关系或历史事件的因果关系。

（2）“多闻阙疑，慎言其余”——《春秋》为纪实之书、阙疑之书

在史学研究领域，是据事直书、以真实性为史学之生命，还是以政治伦理的需要来决定对史实的取舍从违，是两种根本对立的治学思路。顾炎武不否认《春秋》中的某些用语带有尊周室、为国讳及寓褒贬的意味，但从总体上看，他认为《春秋》是一部“阙疑之书”、纪实之书，把《春秋》的史学方法还原为“多闻阙疑，慎言其余”的纪实方法。

第一，《春秋》本是“阙疑之书”。顾炎武引证孔子所说的“吾犹及史之阙文也”这句话，认为孔子当时所能接触到的不过是一些残缺不全的历史记载，对于记载中所缺失的内容，孔子是不敢随意增益的。他以春秋时期的两次日食记载都没有写发生在哪一天为例，指出孔子并不是不能计算出这两次日食发生的具体日期，但他却不敢推算以补史文之缺，生怕自己的计算会出现差错；连日期都怕出现错误而宁可阙疑，那么，对于“史文之误而无从取正者”，孔子也就只好不写而阙疑了。传统的观点认为，《春秋》何者书、何者不书，以及如何书写，都有微言大义在内。顾炎武则认为，《春秋》对于有的史事之所以不书，是因为没有文献记载的依据；有的人名之所以不书，也是因为缺乏文献依据而又难以确考的缘故。这其中并没有任何微言大义，而只是抱着实事求是的态度，对难以确证的史事“阙疑”而已。

第二，孔子作《春秋》的方法只是“多闻阙疑，慎言其余”八个字，而所谓“《春秋》笔削大义微言”的说法不过是误解孔子之意的“郢书燕说”。传统的观点认为，孔子在世时已有《左传》，孔子是取《左传》而笔削之以成《春秋》一书的，因而在其“笔削”之中实有“大义微言”之所在。对此，顾炎武指出，《春秋》以“西狩获麟”绝笔，而《左传》则是

出于西狩获麟之后，所以孔子在世时并没有见过《左传》其书，当然也就谈不上据《左传》而笔削之的事了。《左传》一书网罗史料之浩博，当然是《春秋》所无法比拟的，而后世读书人却以孔子不知道这些史料为忌讳，所以才生出所谓孔子据《左传》而笔削之的奇谈。

第三，按照孔子作《春秋》时所使用的史学方法去理解《春秋》一书，才是一种“甚易而实是”的方法；从《春秋》中去寻找什么笔削大义微言，则是一种“甚难而实非”的方法。他说，《春秋》所记载的史实，按照年代的远近，可分为三世：即“所见世”“所闻世”“所传闻世”。所见世为孔子所亲见者，所闻世为孔子闻于同时代的长辈者，所传闻世为孔子闻于长辈而长辈亦得自传闻者。孔子对于他所亲见的鲁昭公、鲁定公、鲁哀公三朝之事，乃直接用以补国史所缺；而对于所闻世和所传闻世的史事，就不得不采取十分慎重的态度，所以才有“异辞”之说。所见者最可信，故言之凿凿；所闻及所传闻者，则按照其可信的程度来书写，史实不清楚之处则阙疑。他说这样理解《春秋》的笔法既平易而又实在。否则，像注释《春秋公羊传》的何休那样，从《春秋》笔法中的“书日不书日”和“详略之分”中去寻找微言大义，只能是一种“甚难而实非”的方法。

(3)“经学自有源流”

“经学即理学”的命题是指经学所具有的义理学的属性，“六经皆史”的命题则是指经学所具有的历史学属性，而“经学自有源流”这一命题则似乎可以看作以上两个命题的合题，是一个研究经学史的命题。顾炎武说：“经学自有源流，自汉而六朝，而唐，而宋，必一一考究，而后及于近儒之所著，而后可以知其异同离合之旨。”以历史学家的态度来研究经学，即以历史学来统摄经学，是他的一大创见。

如何研究古经？顾炎武说：“读九经自考文始，考文自知音始。”读书先要识字，要读对字音，这不是最普通的道理吗？可是，要做到这一点实在不容易。特别是先秦古经中的很多字，以今天的字音去读，往往是错的。譬如《诗经》，以今天的字音去读，很多诗篇都不押韵，没有诗味；以古音去读，才能朗朗上口，诗意盎然。

然而，研究古代经典仅仅是为了读准古书的字音吗？或者，只是为了发思古之幽情吗？又不然。之所以说“读九经自考文始，考文自知音始”，是因为“知音”与“考文”存在着极微妙的关系。知音是为了考文。而考文的目的有二：一是为了恢复古书的本来面目，纠正后人擅改古书的错误；二是为了弄懂古经中的字的真正含义。如果连字的确切含义都不懂，那就谈不上通经了。

顾炎武继承了晚明焦竑和陈第将“本证”与“旁证”相结合来进行考据的科学归纳法，并加以发展，确立起以本证和旁证为主、以参伍推论的理证为辅的考据方法。他说考据的方法有三：一是本证法；二是旁证法；三是在本证、旁证俱无的情况下，以“宛转”“参伍”之法来求确解，而所谓宛转、参伍之法，就是理证法。凡讨论一字音读，必广求证据，绝不以孤证立论。据赵俪生先生统计，为了证明“行”（xíng）古读若“杭”（háng），他列举了364条证据；为了证明“下”古读若“户”（hù），他列举了219条证据；为了证明“马”古读若“mǔ”，他列举了69条证据；为了证明“家”古读若“姑”（gū），他列举了57条证据，并指出“今山东青州以东犹存此音，如张家庄、李家庄之类，皆呼为姑”。

顾炎武不仅继承了焦竑和陈第考证古音的方法，而且建立了古音韵学的体系，揭示语言发展的历史规律。他论音学，注重审音学之源流，辨析“古今音之变，而究其所以不同”。他指出秦汉以来音学凡两变：秦汉之文的读音已渐与上古不同，到东汉时变化就更大了，以至于南朝沈约作《韵谱》时已是“今音行而古音亡”，此“音学之一变”；到宋朝时，“宋韵行而唐韵亡，为音学之再变”。与秦汉以后声音的流变相应，是出现了用字的假借讹替的很多情形。他把这一切都原原本本地揭示出来，可见他的考据功夫之深。

与朱熹之所谓“孟轲死，圣人之学不传。……学不传，千载无真儒”的观点相对立，顾炎武以历史主义的观点看待儒学发展史，对于汉唐诸儒在儒学史上的贡献和地位作了充分肯定。他还把汉唐时代与明朝的思想文化政策作了比较，肯定汉唐时代“不专于一家之学”的思想文化政策的合理性，对明成祖“欲道术之归于一”、独尊程朱理学的思想文化政策作了深刻的批评，认为“排斥众说，以申一家之论，而通经之路狭矣”。鲁迅说得好，汉唐的气概毕竟宏大。顾炎武同样赞扬汉唐的气概，批评在这方面宋朝不如唐朝，明朝又不如宋朝，至于宋明道学家全盘否定汉唐儒学，亦足见其气量之窄小而已。

史学方法论

在世界史学史上，历史学之所以能成为一门科学，就史学自身的发展来说，最根本的原因就在于价值中立原则的引进。而顾炎武对于历史学方法论的最大的贡献，就在于他以史学研究的价值中立原则取代了传统史学的“为尊者讳”的政治伦理的原则。指导史学研究的根本原则的改变，标志着史学研究的学术范式的转换，也由此带来了一系列与新的指导原则相适应的史学方法的创新，突出地表现为考辨史实真伪的“多重证据法”的提出和运用。这一具有革命性的变革，开辟了中国传统史学近代转型的新纪元，与同时期在西方兴起的近代实证主义史学也具有本质上相通的可比性。

（1）“史策所书，未必皆为实录”——揭露历代官修史书之作伪

顾炎武为什么要以史学研究的价值中立原则取代传统史学的政治伦理的原则？原因就在于他看出了历代史书的记载中存在着严重失实的问题，由此得出了“史策所书，未必皆为实录”的结论。史书的记载既不合乎事实，那么，对于后人来说，也就不能正确地做到“以史为鉴”；史书的事实判断既已出错，那么，其价值判断也就不可能正确。因此，顾炎武把揭露历代史书之失实、特别是官修史书之作伪，作为在史学研究中确立价值中立原则的最充足的理由。

顾炎武认为历代史书的记载之所以严重失实，是由以下的原因所导致：

一是“徒以成败论，而不察其故”。从来的历史书都说，周平王东迁，实现了周室的中兴。顾炎武不同意这一观点，他说这是后人徒以成败论英雄而不考察历史真相的一个典型例证。他根据汲冢出土的《竹书纪年》所提供的史料，揭示了历史的真相：先是周幽王宠爱褒姒，威胁到世子宜臼的地位，宜臼遂出走申国；随后，他便借助犬戎的军队攻克都城镐京，将其父周幽王和太子伯盘杀死，登上了王位，称周平王；虢公翰因不满于周平王的这种行为，便另立王子余臣为周王，从此便出现了二王并立的局面。周平王东徙雒邑，受到晋文侯等诸侯的拥戴。晋文侯奉周平王之命杀了王子余臣，从此周平王的地位才得以巩固。周平王勾结犬戎来为自己夺取王位，导致西周的典章文物荡然皆尽，镐京之地尽为西戎所有，这其实是一部华夏民族的败类为了一己之私利而引狼入室、杀害自己的父兄和同胞的耻辱史，哪里说得上是什么“周室之中兴”、什么“继文武之绪”呢？

二是“史家阿枉”“谄于当时”。我们的历史书至今还在说

三国时期的三国为“魏蜀吴”，可是顾炎武不同意这一观点，他说这一说法是《三国志》的作者陈寿为了谄媚当权的司马氏集团而造出来的，并不合乎历史的实际。刘备于蜀中称帝，其国号是“汉”，不是“蜀”；刘备是称帝，不是称“主”。可是《三国志》的作者陈寿却把刘备的国号“汉”改为“蜀”，又以“晋承魏统，义无两帝”为理由，创立先主、后主之名，称刘备为“先主”，称刘禅为“后主”。“主”是当时妇女的称谓(苏林解《汉书》“公主”云：“妇人称主。”)，称刘备、刘禅为“主”，正如诸葛亮给司马懿送妇女服装一样。可是后人不察，竟沿用陈寿的说法，说什么“魏蜀吴三国鼎立”，仿佛这些史学研究者也像陈寿似的成了“曹氏、司马氏之臣”了。

三是“为尊者讳”。顾炎武指出，明朝的《太祖实录》之所以“再修三修所不同者”，目的都是替明成祖朱棣掩盖“靖难一事”的罪恶。而《太祖实录》在建文帝时代初修时，就已经出于“为尊者讳”的动机，替明太祖朱元璋掩盖了其大肆诛杀功臣的劣迹。至于《明成祖实录》，“为尊者讳”的情形就更多了。例如，永乐皇帝任用宦官典兵，镇守交阯，宦官在交阯作恶多端，致使后来丢掉了交阯的广阔国土，皇家的所谓《实录》对此亦讳莫如深。造成《明成祖实录》之记载失实的原因，正是官修史书的“为尊者讳”的传统。

四是篡改文献。在《日知录》卷十八《密疏》条中，顾炎武引唐朝的李德裕之言，说历朝《实录》所载密疏，并不是出于宫廷的档案，而是出于给皇帝上密疏的士大夫之家，且“言不彰于朝听，事不显于当时”，因而不可信；又以自己亲眼所见的大臣之子追改其父之疏草而刻之的事实证明，明朝人为家族之利益而篡改历史文献，其诬罔的程度比唐朝更甚。专制政治本是铁幕政治，是见不得阳光的，宫廷所藏的“密疏”既然不能公开，民间伪撰或经过篡改的所谓“密疏”就必然大行其道，后人据此以作史，又怎能不造成史书的严重失实？

五是历代文人“利其润笔”，贪得“谀墓金”。顾炎武认为，历代文人为达官贵人、名公巨卿所作的碑铭志状多为虚美失实的“谀墓之作”，这是他们贪得“谀墓金”的缘故。他列举了大量的史实，证明谀墓之风从汉朝就已经在文人中盛行，大文人如蔡邕、李邕辈，皆以写谀墓之作发财。他说，蔡邕贪得谀墓金，到了为七岁和十五岁的孩子写碑铭的地步；唐朝的李邕写谀墓之作，前后所受的金钱以“钜万计”。而韩愈的谀墓之作，更是“一字之价，辇金如山”，当时有一个叫刘叉的人，从韩愈家里拿了几斤黄金，说：“此谀墓中人所得尔，不若与刘君为寿。”令韩愈哭笑不得。历代官修正史以谀墓之作为史料依据，又怎能不严重失实呢？

(2)“据事直书，则是非互见”——论史学研究的价值中立原则

顾炎武主张，历史事实是怎样的，就应该怎样书写，所以他坚决反对以政治伦理的需要去歪曲历史，倡导史学研究的价值中立原则。

第一，反对以“正统”观念歪曲历史，主张年号的书写应当从实。朱熹治史，主于“正统”。从正统观念立论，就必定要在年号的书写上违背史实，如不书武则天年号而用唐中宗年号，把只有一年的唐中宗嗣圣纪元写成二十一年等等。至于国内多个政权并立时期，更要从中确立一个政权为“正统”而书其年号，至于其他政权的年号则黜去之。为此，朱熹可谓煞费苦心；然而，亦终有不能确定孰为“正统”的“无统”时期。儒者们往往为孰为正统而争论不休，却忘记了治史的根本原则在于“从实”。对此，顾炎武亦明确提出了批评。他认为，从正统观念出发去书写历史，只能导致对史实的歪曲；而围绕着谁为正统的问题而展开的争论，亦可谓毫无意义。朱熹本想用

正统观念来“诛乱臣，讨贼子”，体现“《春秋》惩劝之法”；但在顾炎武看来，在历史研究中贯彻政治伦理的原则，不仅违背历史研究当“从实”的原则，而且会导致“论世之学疏”的结果。

第二，反对以主观的褒贬好恶去决定对历史事实的书写，强调史书的书写要以客观存在的历史事实为依据。传统的观点认为，《春秋》对于从蛮夷进而为华夏、华夏退而为蛮夷的历史现象的书写都体现着圣人的褒贬好恶，圣人是以其主观的褒贬好恶来决定其书写方式的。顾炎武认为不然。决定圣人的书写方式的乃是客观存在的历史事实，并不是主观上的褒贬好恶。春秋时期，原本被称作“徐戎”的徐国和被称为“荆蛮”的楚国，由于逐渐接受了华夏文明而强盛起来，所以圣人“因其进而进之”；原本属于华夏的各诸侯国因为其文化的退化，乃至退化到了“制归于夷狄”的程度，所以圣人“因其退而退之”。因为历史事实如此，“进者不得不进”“退者不得不退”，不是圣人的主观好恶所能够否认的。史书书写的最高原则是客观存在的历史事实，而不是价值判断上的主观的褒贬好恶。

第三，反对以门户之见或党派偏见歪曲历史，主张“两造异同之论，一切存之”。在《日知录》卷十八《三朝要典》条中，顾炎武明确反对以门户偏见去剪裁历史，反对“于此之党则存其是者、去其非者；于彼之党则存其非者、去其是者”这种凭党派偏见去歪曲历史的做法，认为这是造成“国论之所以未平、百世之下难乎其信史”的根本原因。他认为历史学家要示人以信史，就应超越于门户或党派的利益之上，在纷繁复杂的党派之争中保持价值中立的立场，对互有是非的章奏之文两收而并存之，不可以“偏心”谬加笔削。他认为翔实的史料乃是作出正确的价值判断的根本前提，只要修史者能忠实于历史的事实，即使不作任何价值判断，后人也会根据这些真实的史料作出自己的判断。

(3) ***考辨史事真伪的多重证据法***

顾炎武把他搜集、鉴别资料的方法称为“采山之铜”。他说：“尝谓今人纂辑之书，正如今人之铸钱，古人采铜于山，今人则买旧钱，名之曰废铜，以充铸而已。所铸之钱既已粗恶，而又将古人传世之宝，舂剉碎散，不存于后，岂不两失之乎？”采山之铜，犹如披沙淘金。古籍浩如烟海，不下一番别择提取的苦功是得不到确实而丰备的第一手资料的。有人问他《日知录》又成几卷，他说这是“期之以废铜”。又说自己一年来日夜诵读，反复寻究，也只写了十来个条目，然而却合乎“采山之铜”之义。

顾炎武确立的考辨史事真伪的多重证据法包括以下主要内容：

一是将正史的纪传表志互相对勘的方法。本纪中有失实之处，可以在列传的记载中得以辨明；此一史书的失实之处，可以借助于其他史书的记载得以辨明。例如《史记·孝文纪》就载有汉文帝主张薄葬的遗诏，直到西汉末年的大学者刘向，对此仍深信不疑。然而，顾炎武则从《张汤传》中发现了“武帝之时已有盗发孝文园瘗钱者”的事实，而《晋书·索綝传》中更有“盗发霸、杜二陵，多获珍宝”的记载，索綝且言汉代天子从即位之年起就开始为自己修建陵墓，每年皆以天下贡赋的三分之一充山陵。顾炎武正是根据这些史料，而推翻了《史记·孝文纪》关于汉文帝薄葬的记载。

二是以野史与正史相互参订以寻求历史真实的方法。顾炎武以寻求历史真实的方法去看待野史笔记的史料价值。《日知录》一书考史，就运用了不少野史笔记的史料。不仅引野史以补正史之缺，而且对某些野史记载真实性的肯定，亦具有驳正官修正史之讹的意义。他根据郑所南《心史》旧本所记载的文天祥的事迹，证明如今所流传的《心史》版本已经被篡改，旧本《心史》足以订正新本之讹。不仅如此，根据旧本《心史》，还可以纠正元朝官修的《宋史》对于文天祥事迹的歪曲。对于明朝万历以后出现的大量野史著作，顾炎武也表示了高度的重视，认为这些著作对于撰修《明史》皆为“不可缺”的重要的参考资料，有助于从“是非之途，樊然淆乱”的晚明史料中清理出历史的真相来。

顾炎武还认为，在考辨历史记载的真伪时，还必须注意到要把文学创作的虚构与真实的历史记载加以严格的区分。例如，相传司马相如为陈皇后作《长门赋》，使她重新得到了皇帝的宠幸，就是一件虚构的事情，历史上并没有此事。顾炎武由此提出了“俳谐之文不当与之庄论”的史料鉴别原则。其理由就在于，文学创作允许虚构，不必一一合乎历史事实，因而多有“子虚”“乌有”之辞，但历史研究却不同，只能遵守有一分事实说一分话的原则。

三是借助金石铭文等文物资料及对历史遗迹的田野调查来为史书订讹补缺的方法。

顾炎武不仅从古人的原著中搜集资料，而且从事实际的社会调查，将实际调查获得的资料与文献相印证，或根据实际调查获得的资料来纠正文献的错误。顾炎武所从事的社会调查的范围很广泛，有考察山川地理、地名沿革这样的颇近于现代地理学和历史地理学家的调查，有寻觅秦汉古碑等历史文物证据这样的颇近于现代考古学家的田野考察，更有考察民生疾苦利病这样的颇近于现代社会学家的调查。潘耒《日知录序》说：“先生……足迹半天下，所至交其贤豪长者，考其山川风俗疾苦利病，如指诸掌。”

受欧阳修《集古录》的启发，顾炎武认识到金石铭文等实物资料对于历史研究的重要意义。为了收集金石铭文资料，他在北游的旅途中，“所至名山、巨镇、祠庙、伽蓝之迹，无不寻求，登危峰，探窈壑，扪落石，履荒榛，伐颓垣，畚朽壤，其可读者，必手自抄录”。“往往怀笔舔墨，踯躅于山林猿鸟之间”。他发现古代金石铭辞的证据可以与史书相证明，可以阐幽发微，补缺正误。借助于金石铭文资料和田野调查，他不仅解决了历史研究中的不少疑难问题，而且还廓清了长期统治思想界的某些重大的错误观念。

史学价值论

顾炎武从事历史学研究，具有明确的实践目的，即经世致用。他说：“必有体国经野之心，而后可以登山临水；必有济世安民之识，而后可以考古论今。”他明确指出，考古论今是为了济世安民，是要在历史学研究中体现学者的“济世安民之识”。其历史学价值论，包括“鉴往训今”“引古筹今”“稽天成德”三大方面。

(1)“夫史书之作，鉴往所以训今”

顾炎武说：“夫史书之作，鉴往所以训今。”这是顾炎武对历史学的价值属性的一个重要论述。他告诉我们，历史学存在的价值首先就在于总结历史的经验，从历史经验中获得有益的教训。他非常赞成宋朝的太常博士倪思提出的主张，研究历史不仅要研究盛世，而且要研究衰世，要重在探讨“其进取之得失，守御之当否，筹策之疏密，区处兵民之方，形势成败之迹，俾加讨究，有补国家”。

为了使历史学能够发挥“鉴往所以训今”的作用，顾炎武十分推崇司马迁“于序事中寓论断”的史学方法。他说：“古人作史，有不待论断，而于序事之中即见其指者，惟太史公能之。”顾炎武所赞同和主张的这种治史方法，是在据事直书、如实揭示历史事实的基础上，将事实判断与价值判断有机地统一起来的方法。

顾炎武特别提到司马迁寓论断于序事之中的一些典型事例，以寄托其“鉴往所以训今”的一片苦心。如《史记·平准书》末载卜式语：“县官当食租衣税而已。今弘羊令吏坐市列肆，贩物求利。亨弘羊，天乃雨。”顾炎武举这个例子，显然带有借此来批评晚明的“官倒”、反对官员经商的意味。又如，《晁错传》末载邓公批评汉景帝借诛杀晁错“杜忠臣之口”，《武安侯田蚡传》末载汉武帝“使武安侯在者，族矣”一语，都在叙述中隐含了对当代政治的批评；而顾炎武则借此来表达对晚明忠臣被诛戮、坏人逍遥法外的愤慨。

(2)“引古筹今，亦吾儒经世之用”

顾炎武说：“引古筹今，亦吾儒经世之用。”这是顾炎武对历史学的价值属性的又一重要论述。他告诉我们，历史学存在的价值还在于人们可以从历史中吸取论道经邦的智慧，来解决社会发展所提出的现实问题。

与朱熹批评司马迁之学“疏略浅陋”“本意却只在权谋功利”的说法相对立，顾炎武盛赞“太史公胸中固有一天下大势，非后世书生之所能几”，说“秦楚之际，兵所出入之途，曲折变化，唯太史公序之如指掌”；又赞扬司马光的《资治通鉴》“所载兵法甚详”，批评朱熹的《通鉴纲目》将《通鉴》所载用兵之策大半削去的做法“未达温公之意”。朱熹排斥史学的一个重要理由是“圣人不藉力”，而顾炎武则以殷周之际的历史事实来对这一观点作了驳斥。他以周朝的祖先王季以及周文王和周武王不断凭借武力扩张疆土、从而使其具有夺取商朝之天下的军事实力的事实，证明孟子之所谓“文王以百里”而得天下、圣人从不凭借政治军事实力的说法是错误的。

顾炎武从历史研究中深切体会到，在历史发展中真正起决定作用的不是空洞的道德说教，而是现实的政治、经济、军事实力的对比，是实力和权谋的较量。因此，一个民族要立于不败之地，就不能不讲实力，讲功利，讲权谋。司马迁的《史记》之所以写得好，就在于“自古史书兵事地形之详，未有过此者”，“其中所载兵法甚详，凡亡国之臣、盗贼之佐，苟有一策亦具录之”。只有这样的史书，才能对今人引古筹今、经世致用起到智囊的作用。

(3)“稽天成德”

顾炎武不仅十分重视历史学研究对于经世致用的社会功利的价值，而且也十分重视历史学对于民族文化的保存和延续、对于培养爱国主义的道德情操、对于人的自我完善的人文价值。他认为，只有通过研究历史，才能通晓历史的规律性，才能认识人文化成的历史文化世界中的“性与天道”。所谓“学于古训，乃有获”，所谓“先之以稽我古人之德，而后进之以稽谋自天”，所谓“君子以多识前言往行，以畜其德”，都是讲的这一道理。人只有通过学习和研究历史，才能认识自己，认识社会，意识到自己所承担的历史使命，并促进自身人格的自我完善。

顾炎武认为，先进的汉民族之所以被落后的游牧民族所征服，其中的一个重要原因就在于汉民族自身的道德危机，特别是晚明朝野上下所盛行的淫靡之风。他认为，从中国历史上看，之所以“卫有狄灭之祸”“陈有征舒之乱”“（齐）桓公之所以薨”，如此等等，最直接的原因都是君主不讲究“昏姻之义，男女之节”。君主淫靡无度，陷入男女兽欲的魔窟之中，遂导致朝政昏乱；上行下效，很多士大夫家中皆有“一队妖娆”，许多读书人也把自己的精力消耗在青楼女子身上，负责保卫国家的将士们也因贪财好色而变得战阵无勇。在这种情况下，一旦发生内乱或外敌入侵，国家又安能不亡？这些历史的教训，是值得国人认真记取的。

章太炎先生认为，顾炎武的历史学研究，即使是在对古音韵学和古代金石遗文的研究中，也倾注着深沉的爱国主义热忱，其目的在于“兴起幽情，感怀前德”，激发人们的民族感情和爱国心。他说：“若顾宁人者，甄明音韵，纤悉寻求，而金石遗文，帝王陵寝，亦靡不殚精考索，惟惧不究，其用者在兴起幽情，感怀前德。吾辈民族主义者犹食其赐。”太炎先生的这一论述，真可以说是深得顾炎武之苦心。

三、道德伦理思想

明朝的灭亡，不仅是中国传统社会经济、政治危机的总爆发，而且也是道德危机的总爆发。顾炎武以一种历史的自觉，对传统的社会体制和思想观念所造成的负面国民性进行了深刻的反思。在此基础上，他提出了一条可以为全社会所遵循的“行己有耻”的道德底线和一系列基本原则，对传统的道德学说作了许多重要的修正，倡导“天下兴亡，匹夫有责”的使命感和责任感，为中国传统伦理学的近代转型作出了重要的理论贡献。

对负面国民性的批判

对传统社会负面国民性的研究和批判，是顾炎武伦理思想的一个显著特色。在中国伦理学说史上，像他这样全面而系统地研究国民性问题，几乎可以说是前所未有的。

他认为传统社会的中国人尤其是士大夫阶层的负面国民性主要表现在以下方面。

夸毗之性。所谓夸毗，就是没骨气、没操守。用今天的话来说，夸毗之性就是奴才之性，谄媚之性，善于变化、毫无操守之性。夸毗的价值观念是：“以拱默保位者为明智，以柔顺安身者为贤能，以直言危行者为狂愚，以中立守道者为凝滞”；其行为方式是：“无所可否，则曰得体；与世浮沉，则曰有量；众皆默，己独言，则曰沽名；众皆浊，己独清，则曰立异。”白居易的《胡旋女》诗云：“天宝季年时欲变，臣妾人人学圆转。”这两句诗就是形容那些如同歌妓舞女一般的士大夫的。用鲁迅的话来说，就叫作“男人扮女人”，叫作“以妾妇之道治天下”。顾炎武认为，这种奴隶根性是造成民族沦亡的祸根之一。

贪婪之性。顾炎武认为，专制政治体制造成了社会的普遍性的腐败。腐败现象贯穿于全部专制政治史，尤以历代王朝的中晚期最为盛行。在明代中叶以后商品经济发展的新形势下，由于专制政治的体制性腐败无孔不入，更使腐败从官场向整个社会迅速蔓延。从达官显贵到社会底层的“游闲无食之人”，其心术之败坏已经到了令人匪夷所思的地步。《日知录》卷十二《河渠》条说，上至河道总督，下至普通河工，年年希望黄河决堤。因为管理河道的官员每年都指望能从国家的治河经费中捞一把，而普通河工也希望从河工上支领工食，因此就导致到处都是“豆腐渣工程”，年年治河，却几乎年年有决口。心术之败坏到了如此之地步，简直是无药可救了！

势利之性。顾炎武认为，势利之性具有以下表现：

一是社会公共生活中的庸俗关系学盛行，只认关系，不讲道义。此种情形在汉代就已十分流行，“言论者计薄厚而吐辞，选举者度亲疏而举笔，苞苴盈于门庭，聘问交于道路，书记繁于公文，私务众于官事”。正因为官场和学界都是只认关系，不讲道义，于是人们为了谋取私利，就不择手段地攀附权贵。

二是导致人们为追求富贵而荣辱不分、以耻为荣，乃至无耻到了靠裙带关系取富贵、甚至自宫以进的地步。他说，皇宫中聚集着数以千计、万计的宫女和太监，是中国传统社会的一大弊政，而这一弊政之所以愈演愈烈，就是因为有以当宫女和太监为荣耀的国民性。如果普天下人都以纳女后宫为耻，那么帝王占有大批妇女的特权也就不可能继续存在了。皇帝既不能占有大批妇女，也就无须再用太监，由此可以废止每年阉割一千多名青年男子为太监的虐政，为图富贵而自宫为太监的风气亦可从此消失。

他说，宦官、外戚为非作歹依仗的是皇帝的权势，而给达官贵人抬轿子的、当家人、当衙役的，则依仗达官贵人的权势。可是，在晚明，就连素重流品的士大夫也来巴结这些狗仗人势的东西了。乃至于在宦官魏忠贤当政时，出现了“公卿上寿，宰执称儿”的怪事；而讨好巴结达官贵人的轿夫、家人，以此作为结交权贵的捷径，更成为官场上普遍流行的风气。

虚伪之性。顾炎武认为，道德的精义在于真诚，虚伪则是与道德的本质相违背的。可是在中国，“上自宰辅，下之驿递仓巡，莫不以虚文相酬应”。道德的表象下面却往往隐藏着完全相反的内涵：“今日人情有三反，曰弥谦弥伪，弥亲弥泛，弥奢弥吝。”这不是十分令人惊诧吗？可不幸却是事实。虚伪具有“人情所趋，遂成习俗”的普遍性和胶固于人心的牢固性，而末世的风俗又比治世更为虚伪。他还说，今天的那些用谎言来欺骗民众的人在才能上也远比古人下劣：孔子称少正卯“行伪而坚”，因为他确有本领给孔夫子造成了“三盈三虚”的难堪局面，把孔子的学生都吸引去听他的课了；而“今之疑众者，行伪而脆”，与少正卯相比，如今的那些虚伪的“好名之人”其实都是些才能平庸的无能之辈。顾炎武在这里所说的，正是后来龚自珍所揭露的连才盗、才偷也没有的社会状况。

浇薄之性。他看到了中国社会中的一种十分普遍的现象，即拉帮结派来为个人和小团体谋取私利，唯利是图，对于国家和民族不讲任何感情和责任；对于小圈子之外的人，也不讲任何感情和道义，形成了一种普遍浇薄的社会氛围。他说，山东本是孔子的故乡，但到了汉朝末年，山东的读书人已经成了唯禄利是图的小人，而不再有可以临危受命之人了。到了明末清初，山东的风俗竟以逃税、劫杀和讦奏而著称于世了。江南也一样，他在《天下郡国利病书》的“江南”部分也对此作了淋漓尽致的描述。浇薄至极，必至于残忍：“河北之人，斗狠劫杀，安、史诸凶之余化也。”而在这方面，南方也不逊色。

游惰之性。顾炎武批评北方学者“饱食终日，无所用心”，批评南方学者“群居终日，言不及义，好行小慧”。这是中国读书人的游惰之性在北方和南方的不同表现。但游惰之性远不止此，还表现在以下三个方面：一是嗜赌博。赌博之风虽然在士农工商四民中无不盛行，但最盛行于士大夫阶层之中，他们不仅不以赌博为耻，反以不善赌博为耻。二是竞奢淫。“江南之士，轻薄奢淫，梁、陈诸帝之遗风也。”“今日士大夫才任一官，即以教戏唱曲为事，官方民隐置之不讲。”三是佞仙佛。南方士大夫，晚年多好学佛；北方士大夫，晚年多好学仙。这些士大夫也和普通民众一样，其相信宗教并不是出于超越性的精神追求，而是出于狭隘的利己之心。

从顾炎武对中国传统社会负面的国民性的批判可以看出，传统社会负面的国民性主要表现在士大夫之中，表现在专制官僚集团和作为它的庞大后备军的士阶层之中。他看到明朝之所以灭亡，在很大的程度上是由于长期的专制统治所造成的国民劣根性，以及由此所导致的整个社会道德风气的败坏和民族精神的衰落。为了民族的振兴，他大声疾呼：“今日之务正人心，急于抑洪水也。”

“行己有耻”的道德底线

社会道德风气的败坏既是导致民族衰亡的原因之一，那么，如何“正人心”以重建道德也就成为问题了。是像宋明理学家那样继续高唱道德理想主义，还是从现实的人性和社会生活的实际出发，来确立一种切实可行的最低限度的道德？顾炎武所选择的显然是后者。他清醒地意识到，适用于个人道德修养的道德理想主义，绝不适用于治国平天下。譬如道学先生们可以用“饿死事极小，失节事极大”的精神来严格要求自己，以造就其理想人格；但如果以此来要求普天下的妇女，那就造成了巨大的灾难。顾炎武要改变这种情形：对于真诚的道德理想主义者，他固然予以充分肯定；但在社会的普遍教化的层面上，他却不讲空头的道德理想主义，而只给人们规定了一个“行己有耻”的道德底线。

(1)“行己有耻”的道德底线的人性论基础

“行己有耻”的道德底线的立论基础是现实的人性，确认“民生有欲”“人之有私”，只能“顺”之、“给”之、“恤”之，而不能拂逆之。顾炎武对人性的探讨，实现了对于正统儒家的人性论的两大突破：一是对从孟子到宋明理学的所谓“君子不以食色为性”的观念的突破，二是对传统的以私为恶的观念的突破。

孟子说：“食色，性也，君子不谓之性也。”而顾炎武却突破了这一君子不以食色为性的传统，承认了欲望是人性的组成部分。他说：“今将静百姓之心，而改其行，必在制民之产，使之甘其食，美其服，而后教化可行，风俗可善乎。”这里值得注意的是，顾炎武肯定老百姓对于“甘其食，美其服”的要求的合理性；而在朱熹那里，仅仅承认充饥是天理，而“要求美味”则是与天理相对立的人欲。顾炎武还认为，男女之欲也是普遍的人性。他责问佛老之徒在“男女之欲”方面“岂其性与人殊”。与程朱理学之所谓“饿死事极小，失节事极大”的说教针锋相对，顾炎武说先王是允许寡妇再嫁的，也是允许男子娶寡妇为妇的，这是先王的“恤孤之仁”和“不独子其子”的道德理念的体现。

他把明末著名异端思想家李贽的“人必有私”说引进了儒家伦理学。在李贽之前，“私”字在中国是一个极其敏感的字眼，认为“私”是由于人们受了物质的诱惑而造成的人性沦丧。人们以私为恶，不肯承认“人必有私”的客观事实。程朱理学的“天理人欲之辨”的实质，也就是所谓“公私之辨”，所谓“存天理，灭人欲”，就是要破私立公。只是到了公然以异端自居的李贽，才将自古以来不承认人性有私、无视合理的私人利益的传统观念“一扫而空之”。顾炎武接受了李贽的“人必有私”说。他说：“人之有私，故情之所不能免，故先王弗为之禁，且从而恤之。……世之君子必曰：有公而无私，此后世之美言，非先王之至训也。”

他认为满足民众的物质生活需要既是道德教化命题中应有之义，是“治化之隆”的表现；同时也是推行道德教化的必要前提：“欲使民兴孝、兴弟，莫急于生财”，只有“财足”才能“化行”。他认为中国人之所以轻生者多，就在于太穷，感到活着还不如死去。所以他说：“人富而重其生。”要使人热爱生活、珍惜生命，就必须使人民富裕起来；而要富裕起来，就必须改变人们“轻于货”的心态，通过发展生产和商品经济，使人们拥有自己的财产，满足人们对于美好物质生活的追求。

(2)“行己有耻”的道德底线的基本原则

顾炎武既承认有私为人之常情，因而为了达到正人心的目的，就不能再对多数人讲宋儒那一套“最高限度的道德”，而只能设置一条切实可行的“行己有耻”的道德底线，即讲最低限度的道德。

顾炎武把“行己有耻”看作关系国家前途和民族命运的根本因素。他引证了管子关于“礼义廉耻，国之四维；四维不张，国乃灭亡”的论述，指出廉耻乃是立人之大节，不廉则无所不取，不耻则无所不为。明朝之所以灭亡，就在于大臣无廉耻。他认为在礼义廉耻四者之中，“耻”是最重要的，世界上的一切坏事，都是从无耻所派生，因此，无耻乃是万恶之渊薮，是一切社会罪恶的总根源。士大夫是公众人物，是代表着国家形象的一群人，“故士大夫之无耻，是谓国耻”。

要解决社会生活中普遍存在的“无耻”问题，特别是解决“士大夫之无耻”这一“国耻”问题，顾炎武认为有必要在社会生活中划一条“行己有耻”的道德底线。这一道德底线包含以下最基本的原则：

一是人道主义与爱国主义之统一的原则。

《日知录》卷七《不动心》条说：“我四十不动心者，不动其行一不义，杀一不辜，而得天下，有不为之心。”人道主义原则是人类社会最基本的原则，是人之所以为人的道德底线，但同时也是至高无上的道德原则。

在顾炎武的思想中，爱国主义原则与人道主义原则同样是至高无上的，是生而为人的最基本的道德原则；爱国，就是不要做任何有损国格和人格的事。在清入主中原的历史条件下，顾炎武把做官看作“目挑心召，不择老少之伦”的行为。他指出：“生子不能读书，宁为商贾百工技艺食力之流，而不可求仕；犹之生女，不得嫁名门旧族，宁为卖菜佣妇，而不可为目挑心召，不择老少之伦。”

在顾炎武看来，爱国主义原则与人道主义原则可以在维护民族生存的基础上统一起来。爱国主义有其具体的历史内容，在顾炎武的时代，就是反抗清朝军事贵族对汉族人民的屠杀和压迫。他认为在汉族人民遭到屠杀和压迫的时代，对异族统治者阉然献媚，去帮助异族统治者压迫本民族的同胞，乃是类似于娼妓的无耻行为，是堕落到道德底线以下了。

二是绝不与腐败的社会风气同流合污的原则。

他认为是否与腐败的社会风气同流合污，是老子之学与孔子之学的根本区别。老子主张和光同尘、与世浮沉，顾炎武认为这是典型的乡愿哲学。这种乡愿哲学与孔子之学的区别，在《楚辞》的《卜居》《渔父》两篇中得到了淋漓尽致的表述。在《卜居》中，屈原问太卜郑詹尹："宁正言不讳以危身乎？将从俗富贵以偷生乎？……宁廉洁正直忆自清乎？将突梯滑稽、如脂如苇以洁楹乎？……宁与黄鹄比翼乎？将与鸡鹜争食乎？"顾炎武认为，前者是孔子的人生态度，后者是老子的人生态度。在《渔父》中，屈原说："举世皆浊我独清，众人皆醉我独醒，是以见放。"渔父便劝他说："圣人不凝滞于物，而能与世推移。世人皆浊，何不掘其泥而扬其波？众人皆醉，何不脯其糟而啜其醴？"顾炎武认为，渔父的所谓"与世推移"，乃是一种精巧的乡愿哲学。他强调，一个人要想在腐败的社会风气中保持特立独行的节操，就必须具有"耿介"的品格。耿介，就是特立独行，就是具有自己的独立人格。国家的独立之根柢在于个人的独立，要"保邦于未危"，必须从提倡个人的独立人格开始。他把"立身不为乡愿之人"看作对"行己有耻"的注释或同义语。

三是绝不枉道事人的原则。

所谓"枉道事人"，是指放弃自己的良知、信念和操守去侍奉权势者，以实现其对于功名利禄的追求。顾炎武认为，这也是一种无耻的行为。在专制政治体制下，通过科举考试只是使读书人取得了做官的资格，但还不能保证一定就能获得官职，更不能保证官运亨通。且不说科举考试之前要下一番"自媒”，即通过各种门路拜谒达官显贵以求赏识的工夫；即使在取得举人、进士的资格以后，要想获得美官，做官以后要想获得升迁，都还得有一套跑官、要官的本领。顾炎武认为，这样的体制必然会使人“望尘而拜贵人，希旨以投时好”，要使人不无耻是很难的。然而儒家的所谓“中道”的模糊性，又足以使得后人可以“被中庸之名”“托仲尼之迹”来做枉道事人的无耻之事。要真正做到行己有耻，就必须坚持绝不枉道事人的原则，“上交不谄”，无论在任何情况下都必须坚持自己的良知、信念和操守。

(3)“计厚薄，度亲疏，戎狄之道也”——人格平等观

反对等差观念、提倡平等待人，是顾炎武伦理道德学说中最富于近代性的因素之一。针对传统的中国社会所盛行的势利观念、浇薄之风，顾炎武鲜明地提出了绝不以势利之心待人的原则，作为其主张的“行己有耻”的道德底线的一个重要内容。

他认为人们天赋是生而平等的，普通民众与官员在人格上并没有高下贵贱之分。从天赋平等和人皆有私的观点出发，他明确反对以职业来作为衡量人品高下的标准。传统的观点把道德的高下与人所从事的职业相联系，士农工商四民的先后次序就是如此。商人居四民之末，因而普遍流行着商贾道德最为卑下的传统偏见。而顾炎武则认为，职业只不过是个人实现其私人利益的谋生手段，这对每一个人来说都是一样的。而道德的高下则另有衡量的标准，要看他如何处理个人利益与他人和社会的利益之间的关系。以这一标准来衡量，士的道德水准未必高而“商贾百工技艺食力之流”的道德则未必卑。

他认为社会地位虽低而道德高尚，仍不失为君子；社会地位纵然再高，但道德卑下，就只能被视作无耻小人。在反抗清朝军事贵族的民族保卫战争中，他目睹了平民百姓往往比士大

夫更有民族气节、更富于牺牲精神的崇高道德情操，也目睹了被儒家视为“小人”和“贱人”的妇女们宁死也不肯被清军淫虐的高贵品质。他说：“绝吭伏剑，不出素封千户之家；感慨自裁，多在婢妾贱人之辈。”这一以“素封千户之家”与“婢妾贱人之辈”在民族气节上的鲜明对比，无疑是对传统的以社会地位高低为标准的所谓“君子小人之辨”的彻底颠覆。与西方文艺复兴时期流行的不再以出身是否贵族作为衡量高贵与卑贱的标准、高贵与卑贱皆取决于人的德行，在思想实质上是一致的。

论豪杰精神

顾炎武所讲的“豪杰”，与孔子所说的“狂者进取”的“狂者”是同一个概念；但在朱熹的思想中，“豪杰”与“狂者”则是两个不同的概念。他在《四书章句集注》中明确指出，对志意高远的“狂者”必须加以裁正，以防止其陷入异端。在顾炎武看来，对于“狂者”的亢爽高迈的气概非但不应加以抑制和裁正，而且这种气概正是成为圣人的必要条件。他表彰“狂者”，提出了“大凡高迈亢爽之人易于入道”的命题。

顾炎武与朱熹的以上分歧集中表现在对陶渊明和韦应物二人的评论上。在朱熹的心目中，韦应物是一个具有道学家的那种“无声无臭”的本体论境界的人，他清心寡欲，所到之处就关起门来焚香默坐，何等闲适，何等自在！而顾炎武的看法则不同，他所推崇的，是韦应物志在从军边塞的英雄气概，是他的“少年之豪气与中年之砥砺”。在朱熹的心目中，陶渊明是一个负气任性、当了隐士还想出名的人；而在顾炎武的心目中，陶渊明却是一位志节凛然、有志于天下的豪杰之士。顾炎武特别赞赏陶渊明的“惜哉剑术疏，奇功遂不成”这两句诗，因为其中寄托着他自己的心声：他感慨自己没有古代侠士那样精湛的击剑技术，不能亲手去刺杀清朝皇帝；他特别欣赏韦应物“秋郊细柳道，走马一夕还”这两句诗，也是因为其中寄托着他自己从军报国、反清复明的志向。

顾炎武所提倡的豪杰精神近乎墨侠。他十分崇仰程婴、公孙杵臼等三晋义士，也十分崇仰荆轲、高渐离等燕赵豪侠。其《义士行》诗云：“饮此一杯酒，浩然思古人。自来三晋多义士，程婴公孙杵臼无其伦。”诗中热情讴歌了程婴、公孙杵臼为赵国的复兴而不惜冒着生命危险保护赵氏孤儿的豪侠精神。《推官二子执后欲为之经营而未得也而二子死矣》诗云：“生来一诺比黄金，那肯风尘负此心。”诗中所表现的正是古代墨侠“皆可使赴汤蹈刃，死不还踵”的英雄气概，重然诺、轻生死的道德情操。他的《拟唐人五言八韵》，分别以《申包胥乞师》《高渐离击筑》《班定远投笔》《诸葛丞相渡泸》《祖豫州闻鸡》《陶彭泽归里》为题，歌颂了申包胥、高渐离、班超、诸葛亮、祖逖、陶渊明等历史上的豪杰之士。其中，《高渐离击筑》一诗，实际上就是借写高渐离来写他自己从事反清秘密活动的一段人生经历，并悲叹自己因为没有能找到荆轲那样的壮士合作而未能实现其愿望。

为了把读书人从“半日静坐、半日读书”“闭门格物”、空谈心性的道学桎梏中解放出来，顾炎武强调：“天生豪杰，必有所任。……今日者，拯斯人于涂炭，为万世开太平，此吾辈之任也。”他盛赞北宋抗辽派的高风亮节和北宋末年金人南侵后志士仁人纷起反抗、临难不屈的大无畏精神，盛赞南宋末年在反抗蒙古人征服的民族保卫战争中英勇献身的豪杰之士：“靖康之变，志士投袂起而勤王，临难不屈，所在有之。及宋之亡，忠节相望。”

在以清代明、汉民族被游牧民族所征服的历史条件下，顾炎武所倡导的豪杰精神的最重要的内容，是“天下兴亡，匹夫有责”的爱国主义道德情操。他说“易姓改号谓之亡国”“仁义充塞，而至于率兽食人，人将相食，谓之亡天下”；又说“保国者，其君其臣，肉食者谋之”；而保天下，则是“匹夫之贱与有责焉耳矣”。他深刻阐明了“保天下”与“保国”的关系：“知保天下，然后知保其国”，保国决非与匹夫无关，而匹夫只有意识到“保天下”的重要性，才能更为自觉地投身“保国”的民族保卫战争中去。谋划如何“保国”固然主要是“肉食者”的责任，但知道了“保天下”的重要性，然后自觉投身“保国”的民族保卫战争，则是每一个普通民众都应承担的历史责任。明朝虽然灭亡了，但顾炎武坚信，只要“天下”不亡，即爱国之心不亡，民族气节不亡，民族的复兴就有希望。顾炎武强调“天下兴亡，匹夫有责”，正是寄希望于广大民众的民族意识的觉醒。

四、政治思想

以清代明，一个经济、文化落后的边疆游牧民族征服了综合国力相当于它十倍、百倍的先进的汉民族。这一惨痛的历史教训促使先进的汉民族哲人们深沉反思：究竟是什么原因导致了亡国的历史悲剧？大家不约而同地把批判的矛头指向了高度集权的君主专制制度。对于君主专制政体的批判，遂成为明清之际中国早期启蒙思潮的时代最强音。顾炎武与黄宗羲、王夫之一样，在批判专制制度和探索政治改革之路方面，作出了重要的理论贡献。

对君主专制制度的批判

明朝的专制，虽然不及后来的清朝，但在中国君主专制政治史上，却达到了一个前所未有的高度。明朝的皇帝虽然还不可能做到像清朝帝王那样集“治统”与“道统”于一身，即既当政治领袖又当精神领袖，但明太祖朱元璋通过废除丞相制、三省制和大都督府，实行以君权取代相权、以“三司”取代行省、以五军都督府分掌兵权等加强皇权的措施以后，确实使君主专制制度达到了“收天下之权，以归一人”的程度。再加上设置锦衣卫、东厂、西厂等严密监视臣民言行的特务组织和镇压机构，鼓励告密，推行文字狱的专制暴政，使皇权专制主义令人畏惧的恐怖气氛几乎无孔不入、笼罩一切。顾炎武对君主专制制度的批判主要集中在以下几个方面。

（1）对“宁赠友邦，勿与家奴”的反动政治哲学的批判

清朝军事贵族之所以能够入主中原，直接的原因是明朝的山海关总兵吴三桂引清军入关来镇压农民起义，由此便造成了“三桂借东夷而东夷遂吞我中华”的历史悲剧。这一事实引起了顾炎武的深思。纵观三千年中国政治史，他发现，这种“宁赠友邦，勿与家奴”的反动政治哲学由来已久，它几乎成了三千年君主专制政治史的一大通病。于是，彻底揭露和清算这一反动政治哲学对于民族的危害，就成为顾炎武着重予以解决的一个重大历史课题。

他认为，借“夷狄”的军队来争夺天下，以实现其家天下的一己之私利这一恶劣的传统，是从周武王开始的。周武王姬发为了夺取商朝的天下，不惜借助当时的蛮夷之兵来杀华夏民族的人民。此端一开，后世踵相效法。而夷狄之祸之所以不绝于中国，乃至在历史上多次造成中夏亡国之祸，根源就在于此。周武王是正统儒家推崇的上古三代的圣王之一，是不容批评的大圣人，顾炎武敢于揭露“自古用蛮夷攻中国者，始自周武王”。这样的胆识除了直斥周文王“恃一人之耳目以弱天下”的王夫之、大声疾呼“为天下之大害者，君而已矣”的黄宗羲以外，在当时几乎是无人能够比拟的。

在《日知录》卷二《文侯之命》条中，顾炎武驳斥了历史学家之所谓“平王中兴”的说法。顾炎武告诉我们：正是周平王宜臼为了与自己的兄弟争夺王位，不惜勾结犬戎，借助犬戎的军队入侵镐京，杀了自己的父亲周幽王和兄弟太子伯盘，才使得西周的典章文物荡然皆尽，镐京之地尽为西戎所有，而他自己则不得不东徙雒邑以自保。这其实是一部华夏民族的败类们为了一己之私利而出卖民族利益、引狼入室、杀害自己的父兄和同胞的耻辱史，哪里说得上是什么“周室之中兴”、什么“继文武之绪”呢？而后来之所以“鲜卑、突厥、回纥、沙陀……不绝于中国”，皆与历代统治者为了维护家天下的一己之私利而不惜借助于外族的力量来争夺天下、平息内乱有关。他认为吴三桂引清军入关，不过是承续了三千年专制统治者“宁赠友邦，勿与家奴”的反动政治哲学的余绪。

(2) 对君主专制“人人而疑之，事事而制之”的统治术的揭露

与黄宗羲一样，顾炎武并没有停留于对君主个人的道德的批判，而是进一步把批判的矛头指向专制主义的政治体制，揭露这种高度集权专制的制度对华夏民族的生存和发展所带来的严重危害。

他认为，古代的君王实行封建制，把国土分封给诸侯去治理，虽然有“其专在下”的弊病，但这至少在统治集团内部还是有一点所谓“以公心待天下之人”的意味；后来的君主就不同了，他们的私欲膨胀到了“尽四海之内为我郡县犹不足”的地步，恨不得集天下所有的权力于一身，于是便造成了“其专在上”的高度的集权专制。纵观三千年中国政治史，顾炎武认为，“人人而疑之，事事而制之”的专制制度乃是导致民族危亡的根本原因。专制到了没有一个人不被怀疑监视、没有一件事不被牵制掣肘的地步，也就造成了没有一个人“肯为其民兴一日之利”的局面，人民又怎么能不贫穷，国家又怎么能不贫弱？华夏民族又怎么能不被游牧民族所征服？

他认为，北宋亡于金，南宋亡于蒙古，都是由于实行了高度的集权专制。他说，皇帝把“一兵之籍，一财之源，一地之守”的权力统统抓在自己手里，但还是不放心，于是又使出了种种“禁防纤悉”的手段，来监视天下臣民的一切言行举动，恨不得连万里之外人们的颦呻动息都要知道，万里之远的一切事务都要置于他自己的直接控制之下，并且力图使体制的设置合乎他的这一愿望。这种体制看起来是对帝王有利的，但同时也造成了官员们谁也没有实权、谁也不负责任的局面；一旦外敌大举入侵，还要等待皇帝作处置决断，大片国土早就沦陷于敌手了。靖康之难，金军大举南下，如入无人之境，一举攻克汴京，宋徽宗和宋钦宗都做了金军的俘虏，北宋也因此而灭亡。这一在中国历史上从未有过的国耻，正是专制政治体制造成的。他认为宋朝灭亡的教训，实际上也是明朝灭亡的教训。

（3）对专制政治制度性腐败的揭露

顾炎武目睹了中国传统社会官场腐败——“无官不赂遗”“无守不盗窃”“君臣上下怀利以相接”的状况，并试图揭示造成这种状况的原因。他先是把腐败的根源归结为“唯赖诈伪，迭相嚼啮”的恶劣的人性，进而又将腐败的根源归结于“书中自有黄金屋，书中自有颜如玉，书中自有千钟粟”的传统教育，但在进一步的探索中，他终于接触到了对腐败的制度性根源的揭示。

他认为君主专制的政治体制的弊病，首先就在于君主的私欲不受任何制约；而君主至高无上的地位，则使得他们的权势欲、贪欲和肉欲恶性膨胀到无以复加的程度，以致给国家和人民都带来了深重的灾难。他以古今度量衡的变化，来揭露专制君主对人民的剥削日益加重的事实。在《日知录》卷十一《权量》条中，他引证了大量的史料来证明古今度量衡的变化，揭露了“三代以后，取民无制，权量之属，每代递增”“古之权量比之于今，大抵皆三而当一”的严酷现实。他证明，古代的三升相当于隋唐以后的一升，古代的三两只相当于隋唐以后的一两，也就是说，隋唐以后统治者对人民的剥削至少已相当于过去的三倍！更不用说其他的超经济强制式的奴役了。他还对专制统治者穷奢极欲的腐朽生活作了揭露。他说唐玄宗的时候，宫女的人数竟达到四万人之多，这是多么惊人的数字！他认为历代王朝之所以被人民推翻，根本原因就在于人民不堪忍受统治者的横征暴敛。

在传统的体制中，他最痛恨的是吏胥制度。传统社会中只有被授以县级和县级以上职务的人才能被称作“官”，而供官驱使，充当书办、衙役、税吏、狱卒的各色人等则被称作“吏胥”。统治者为了维护统治，拼命多设吏胥；而官本位体制所享有的特权，使得人们也削尖了脑袋往吏胥队伍里钻。一个县的吏胥竟然有数千人之多，他们“恃讼烦刑苛，则得以吓射人钱”，以其暴虐，济其贪婪。而最痛苦的，就是没有任何官场背景、老实而又善良的广大民众。他们处在官本位体制的重重压迫之下，不仅要供养这庞大的吏胥队伍，还要受尽恐吓和屈辱，处于有冤无处申的悲惨境地。顾炎武把吏胥制度看作“养百万虎狼于民间”，认为治理天下最大的快乐，莫过于使这百万之虎狼“一旦而尽去”。

(4) 对专制政治体制非道德性的揭露

顾炎武对专制政治体制非道德性的揭露和批判是从以下几个方面展开的：

一是专制政治体制把人不当人。顾炎武说，官员在朝廷上挨打，始于汉明帝时期，后来就有了大官对下级官员实行杖责的制度。在魏晋南北朝时期，身为州刺史的省部级官员而被杖责的也不乏其人，甚至有知道要遭杖责而预先就把裤子脱了等着挨打者。在专制制度的摧残下，士大夫已经完全没有人格和廉耻可言了。唐朝略好一些，把打的对象限制在簿尉（大约相当于厅局级和县处级）的官员，但安史之乱以后，就不限于簿尉级别的官员了，州刺史（省部级）的官员也多有被上司当众用乱棍打死的。宋理宗淳祐二年（1242）三月曾经下过一道“今后州县官有罪，帅司毋辄加杖责”的诏令，可见州县官挨打在宋朝也是家常便饭。至于明朝，除了对官员实行廷杖以外，对待新科进士也像唐朝对于簿尉一级的官员一样施以杖刑。在专制时代，皇帝把官员不当人，大官们也把小官不当人，官员们更把老百姓不当人。顾炎武认为，这种普遍实行的侮辱人格的制度理应予以废除。

二是专制政治体制有利于坏人。专制统治者为了维护其绝对权威，需要的是奴才，而不是人才。顾炎武认为，专制主义的法令、治具都是专制帝王为维护家天下的一己之私利而制定的。这种专制法制严密到了“禁防束缚至不可动”、乃至于使人的一切思想和言论都“不能出于绳约之内”的地步，这就必然造成使“豪杰之士无以自奋而同归于庸懦”的结果。大家都是一样的平庸，一样的懦弱，一样的没出息，这正是专制帝王所希望的；也只有如此，专制帝王才可以高枕无忧。所以，他愤怒地谴责专制主义的法制乃是“败坏人才之具”。顾炎武十分重视从制度设置的层面来揭露专制制度是如何造就坏人、并且保证使坏人能够得到重用的。他指出：“人主之立法，常为不肖者之地，而消靡其贤才，以俱入于不肖而已。”皇帝这样做，并不是无意识的，而是有意识地要这样做，是主观动机与客观效果相统一的行为，其实质是“消靡天下之人才，而甘心以便其不肖”。

三是专制统治者以血腥杀戮来摧毁士人的道德气节，使好人变坏人。明惠帝建文四年（1402），燕王朱棣攻陷南京，被称为“一代读书种子”的侍讲学士方孝孺被执，朱棣令方孝孺为他草拟诏书，方孝孺宁死不从，被朱棣下令以1001刀处死（比以1000刀处死的凌迟之刑多一刀），灭其十族（比通常之所谓灭九族多一师族）。除方孝孺外，南京忠良之士尽遭杀身灭族之祸。朱棣的这一空前凶恶残忍的暴行极大地震慑了天下的读书人，只得乖乖地拥戴他做了皇帝，为他文饰罪恶、歌功颂德。“十族诛而臣节变”，这是顾炎武对明成祖以血腥杀戮来摧毁士人气节的严正批判。

（5）对专制政治败坏人才的批判

专制政治败坏人才是通过实行文化上的专制主义和蒙昧主义的政策来实现的。而这种政策在明朝的实行，就表现为独尊程朱理学以及采取以八股时文取士的制度。对于八股取士制度之败坏人才的罪恶，顾炎武提出了十分悲愤的控诉：“愚以为八股之害等于焚书，而败坏人材有甚于咸阳之郊所坑者，但四百六十余人也。”具体地说，其危害性主要表现在以下三个方面。

一是禁锢思想。明成祖永乐十二年（1414）十一月，诏修五经、四书、性理大全，至次年九月三部“大全”成，由明成祖朱棣作序，命礼部刊行天下。三部“大全”由此成为从朝廷的国子监到地方书院乃至乡村社学的钦定教科书，成为科举考试标准答卷的依据。对于明成祖为统一思想而实行的这一文化专制主义的政策，顾炎武表示了极大的不满。他认为“大全出而经说亡”，经学中本有众多流派，且中国之古学又并不限于经学，“唐时九流百家之士，并附诸国学”。只是因为明朝以程朱理学为统治思想，以八股取士，才导致了古学的废弃。

二是最便于空疏不学之人。他认为现行的科举考试制度之所以最便于空疏不学之人，主要原因在于考试内容。真正的儒者并不是那些诗文写得好的“文儒”，而是懂得如何发展经济、如何巩固国防、熟悉治国用兵之术的人；只以诗文写得好取士，只能导致竞相浮华，造就“惰游之士”。《庄子》中讲了一个故事，说鲁哀公用庄子之言，宣布无儒者之道而身穿儒服者，其罪当死。仅过了五天，全鲁国就只剩下一个身穿儒服的人了，鲁哀公召他问以国事，对答如流。顾炎武以这一故事说明，如果科举考试的内容是国计民生、用兵打仗，以是否具备这些知识来衡量是否真儒，并且明确宣布冒充者要杀头，那么，就没有一个人敢冒充儒者了；同时，也只有到了这个时候，真正的儒者，即有真才实学的人才会出现。

三是败坏读书人的心术。他认为科举制度之所以会败坏读书人的心术，主要问题出在两个环节上。一是“纳卷就试”的环节，二是“赴部候选”的环节。科举考试时，实行严格的搜索防奸之法，读书人进考场先要被搜身，以此摧折读书人的自尊心和廉耻之心，造成了“上以盗贼待士，士亦以盗贼自处”的心灵扭曲或心理变态。读书人在取得科举功名以后，要赴吏部候选，才能获得官职。在这一环节上，所需要的唯一的本领，就是看谁善于钻营奔竞。专制主义的政治体制总是把中国读书人的聪明才智引向钻营奔竞的方面，因此，也就不用担心读书人没有钻营奔竞的本领；相反，这些人在任何时候都会多如过江之鲫。正如顾炎武所指出的，只要这种体制不改变，钻营奔竞的习性就会遗传到一代又一代的读书人身上。

（6）对思想文化专制的批判

清议乃是原始氏族民主制的遗风，是民众表达其对于社会公共事务的意见、议论政教风俗得失、评议官员人品高下的一种自发的方式。开明的君主和政治家对于民众的这种自发参与政治的方式一般皆持比较宽容的态度，如顾炎武所列举的“子产不毁乡校，汉文止辇受言”等等。但历史上也有很多暴君，绝不允许有不同的声音存在，如周厉王之监谤、秦始皇之坑儒、东汉之党锢之祸、晚明东林党人之惨遭镇压等等。这种倒行逆施的结果使政治更加黑暗腐败，亦使得统治者民心尽失，由此便导致巨大的社会动乱。正如顾炎武所指出：“天下风俗最坏之地，清议尚存，犹足以维持一二。至于清议亡，而干戈至矣。”

“清议亡而干戈至”，是顾炎武对中国历史上一种带有规律性的现象的总结，既是对专制统治者扼杀社会正义呼声的严正批判，也深刻揭示了社会正义呼声与社会长治久安的依存关系。在顾炎武看来，一个社会要健康发展和避免动乱，除了要有权力制衡以外，还要允许不同的声音存在；即使在政治最腐败的时候，只要民众还能够通过“动口”来表达自己的心声，政治就还有改良的希望；如果统治者连民众这一和平地表达意见的权利也要扼杀，使得人民再也无法通过正常的渠道来公开地表达自己的意见，那么，干戈就会代清议而兴，整个社会都将为此而付出极为惨重的代价。

顾炎武还以诗的形式来表达他对文字狱的专制暴政的抗议。他在《咏史》诗中说：“永嘉一蒙尘，中原遂翻覆。名胡石勒诛，触眇苻生戮。”此诗原抄本题作《闻湖州史狱》，诗中以咏史为名，对历史上和现实中的“文字狱”的专制暴政表达了强烈的愤慨之情。五代时，羯族统治者石勒入主中原，明令不准用带“胡”字的名称，违者即杀；前秦的皇帝苻健由于自己偏盲，就下令不准用“残”“偏”“只”“少”等字眼，许多人都因不慎使用了上述文字而遭杀身之祸。以文字来罗织人的罪名，以思想和言论来对人进行迫害，是历史上一切暴虐专制的基本特征，亦是清王朝的基本国策。顾炎武对石勒和苻健这两个专制魔王的批判，实际上是对一切实行暴虐专制的政治制度的批判。

政治体制改革方案的设计

在总结明王朝覆灭的历史教训、全面揭露和批判三千年专制政治体制之弊病的基础上，顾炎武突破正统儒家纲常名教至上的思维方式的束缚，提出了具有初步民主色彩的政治改革主张，发表了许多真知灼见。

(1)“周室班爵禄之意”——关于“君、臣、民”政治平等的论说

顾炎武政治思想的最富于近代意义的特色，是他关于“君、臣、民”政治平等的论说。在儒家学者中，像他这样论说君主与臣民的政治平等是极为罕见的，这反映了中国传统政治思想近代转型的新动向。

他极力证明，“君”这一称谓原本不是皇帝的专称，而是一个几乎人人可以使用的称谓。他说，中国三代以上就是一个“尊卑之势无大相远”的时代，并不是只有帝王才能称君；至于“必天子而后谓之君”，那是后人把尊卑之势加以人为的扩大的结果。《日知录》卷二十四《君》条以大量史料证明，在中国古代的礼制中，“君”的称谓乃是上下之通称，不仅帝王可以称君，诸侯可以称君，大夫可以称君，而且女儿可以称父亲为君，媳妇可以称公爹为君，妻妾可以称丈夫为君，等。

人们普遍认为，“陛下”是只有皇帝才能使用的尊称。顾炎武说，不然，“陛下”在中国古代原本是称呼在宫殿台阶下听候使唤的“执事”之人，只是因为群臣在与皇帝讲话的时候，不敢公然指斥皇帝，就用“陛下”一词来呼唤“执事”之人，让他们把自己的意见转达给皇帝。而人们误以为“陛下”一词是称呼皇帝的，随着时间的推移，居然成了皇帝专用的尊号，隋朝的宇文述借许善心祭陈叔宝文有称“陛下”之语而陷害之，从此以后，就再也没有人敢对皇帝以外的人称“陛下”了。

人们通常认为，“万岁”一词也是皇帝专用的。而顾炎武则告诉我们，古时候人臣也可以称万岁。例如：战国时，冯煖把人民欠孟尝君的债券一把火烧了，人民向着他高呼“万岁”；东汉时，将军马援杀牛酾酒，犒劳全军将士，将士们也高兴得欢呼“万岁”；冯鲂让被抓获的造反的农民回家种地，这些被释放的农民也向他高呼“万岁”。如此等等，都证明了至少到东汉时代，人臣还是可以被称为“万岁”的。只是由于东汉时的大奸臣梁冀听说京城的民众向刚刚出狱的李固高呼“万岁”，对他的政敌如此受民众拥戴十分嫉恨，以此为由将李固杀害，从此“万岁”成了只有对皇帝才能使用的“非常之辞”。

尤为值得重视的是，顾炎武借解释“周室班爵禄”之义，发挥了君、臣、民政治平等的观点。他说，周室班爵之意，说明天子与公、侯、伯、子、男同处于班爵之列，天子也不过是几种爵位中的一种而已，并不是什么“绝世之贵”，因而也就“不敢肆于民上以自尊”。周室班爵禄之意，说明君、卿、大夫、士与为官府服役的普通百姓同处于班禄之列，大家的俸禄都不是“无事之食”；因为他们都在为民众办事，无暇种地，所以才发给俸禄；明白了“禄以代耕之义”，天子就“不敢厚取于民以自奉”。他认为三代以下之所以会有那么多的侮辱他人人格、掠夺他人财产的君主，就是因为“周室班爵禄”之义不明于天下的缘故。

(2)“人主所患，莫大乎唯言而莫予违”——论封驳制度对君主权力的制衡

总结中国历史上兴亡治乱、特别是明王朝灭亡的历史教训，顾炎武深深感到，君主的独断专行，君主的权力不受制约，是造成政治昏乱、吏治腐败和社会动乱的根源。通观历代政治体制设置之得失，为了防止君主的独断专行，顾炎武主张实行分权制衡，即以权力来制约权力，以削弱君主的权力，并对君权实行有效的制约。

顾炎武说："人主所患，莫大乎唯言而莫予违。"意思是说，统治者的最大隐患是他的权力不受制约，他的一切言论和决策都没有人敢于提出反对的意见。怎样才能使君主的权力受到制约，使人们敢于对君主的言论和决策提出反对的意见，并且能够确有成效地制止君主的非理性行为呢？顾炎武从中国历史上发现了"封驳"，即臣僚可以拒绝实行君主的诏令，或将君主的诏令封还驳回。他从春秋战国时期和汉朝的历史上发现了许多这样的"封驳之事"。

春秋时期，齐景公三次发布命令，要求管财政的大臣按照他的旨意对官员们进行赏赐，管财政的大臣拒不执行；又三次发布命令，要求士师执行他的这一命令，而士师也拒不执行，齐景公无可奈何。汉哀帝要封外戚董贤，丞相王嘉认为不妥，于是便将诏书封还。东汉的尚书仆射钟离意也有"掠龙须，捋虎尾"的气概，曾经多次将皇帝的诏书驳回。但顾炎武认为，由于封驳并没有制度化，所以大臣是否有制止君主的非理性行为的气概，还只是依赖于他们的个人品德。倘若大臣们既无良知又无勇气怎么办？因此，只是指望个人的品德是靠不住的，关键在于要把封驳制度化。

顾炎武从唐朝的历史中发现了将封驳制度化的证据：唐代实行三省六部制度，门下省给事中担负着"驳正违失"的职责，有权"涂窜诏敕之不便"，也有权将皇帝的诏令驳回。皇帝的诏令不经过门下省的认可，是不得称之为"敕"的，因而朝野流行着"不经凤阁鸾台，何名为敕"的说法。门下省成为制约皇帝独断专行的一道重要政治屏障。由于封驳被制度化，官员封驳皇帝的诏令具有合法性，受到了制度的保障，所以在唐朝的历史上就产生了许多以封还敕书而垂名史传的正直官员；由于“封驳”被制度化，皇帝也不能不尊重门下省的意志，不仅不能借此对封还敕书的官员打击报复，而且为了显示自己的雅量，还要对门下省的官员予以嘉奖。人性的弱点是不喜欢别人违背自己的意志，身居帝王之位的人尤其如此，但只要有了好的制度，纵然是再心胸狭隘的人也变得有雅量了。

（3）“寓封建于郡县之中”——论朝廷与地方的分权

针对明王朝“尽天下一切之权收之在上”的绝对君权对于国家和民族所造成的严重危害，顾炎武提出了“以天下之权寄天下之人”的政治原则。他认为皇权的尊严并不表现在皇帝把天下所有的权力都掌握在他一个人手中，而是表现在“以天下之权，寄天下之人”，表现在“一命之官，莫不分天子之权，以各治其事”。

总结三千年中国政治体制的利弊，顾炎武认为“封建之失，其专在下；郡县之失，其专在上”。为了避免封建制和郡县制的弊病，特别是解决“今日之尤无权者莫过于守令”的状况，他提出了“寓封建于郡县之中”的政治主张，力主扩大地方政府的权力，让郡县官掌握地方上的军民财政等一切大权。他的政治思想的出发点也是“人必有私”的现实人性，根本不相信官员们“为天子为百姓”的道德高言宏论，他认为官员也和老百姓一样，只有让他们有利可图，才会尽力为国家办事；只有让官员把社会公共事务当作自家的事情来办，他们才会实心实意地把地方的事情办好。因此，他才主张君主应把权力下放给县令，让县令来“自为”。而且让县令来“自为”还有一个最大的好处，即一旦有外敌入侵，各地的县令就会拼死守城，从而改变以往那种外敌入侵时如入无人之境的状况。

顾炎武还主张把凌驾于郡县之上的省级、大区级的行政机构统统撤销：“每三四县若五六县为郡，郡设一太守，太守三年一代。诏遣御史巡方，一年一代。其督抚司道悉罢。”这是一个十分大胆的政治体制改革的方案。试想，把总督、巡抚、监司、道台等叠床架屋的行政机构统统撤销，该使多少大官丢了饭碗！顾炎武认为，撤销这些机构，各郡直接对中央负责，不仅不会降低行政效率，反而会使行政效率大大提高，秦汉时代实行的就是这种制度。

顾炎武还主张乡村自治。他说：“人君之于天下，不能独治也：独治之而刑繁矣，众治之而刑措矣。”所谓“独治”，是指由君主专制主义的政治体制来管理乡村的一切事务。在顾炎武看来，这种“独治”所反映的是君主的意志，而不是民众的意志。乡村的一切纠纷都必须诉诸法律，这就导致狱讼繁多，贪官、师爷、书办、衙役、狱卒各色人等皆可以趁此渔利，以其暴而济其贪，老实善良的民众实在是苦不堪言！要改变君主“独治”所造成的这种“以刑穷天下之民”的情形，救民众于水火之中，就只有从中国社会的基本国情出发，实行乡村自治，让民众自己解决问题。在顾炎武看来，这就叫作“众治”，因为它反映的是民众自己的意志。

选举与清议

现代民主制度特别重视选举和舆论，把它看作保证社会健康发展的最重要的两大因素。本书的传主顾炎武在四百年前也特别重视“选举”和“清议”，提出了“天下之才皆可由天下之人举而荐之”，以及“政教风俗苟非尽善，即许庶人之议”的主张，这与现代民主制度下的选举和舆论虽然还有很大的差距，但还是有着某种精神实质上的相通之处。

（1）“天下之人……皆可举而荐之”——论选举与扩大民间政治参与

中国传统的用人制度，周代是世卿世禄制，汉代是乡举里选制，魏晋是九品中正制，隋唐以下是科举制。科举制度在隋唐时代确实发挥过积极的作用。但随着时代的推移，其弊病也愈来愈大。明朝实行以八股文取士的科举制度，更把这一制度的弊病发展到了极致，以至于顾炎武痛斥八股之祸胜过秦始皇焚书坑儒，把以八股文取士的科举制度看作导致明朝灭亡的主要原因之一。鉴于科举制度的严重弊病及其社会危害，顾炎武提出了改革科举制度，实行按人口比例来选拔推荐人才的政治主张。

顾炎武首先提出了“废天下之生员”的主张。生员，也就是秀才。虽然是科举功名中最低的一个等级，但却是整个官本位的政治体制的一个有机组成部分。顾炎武提出了“废天下之生员”的四条理由：一是“废天下之生员而官府之政清”。生员出入公门以干扰官府的政务，倚势以武断于乡里，结交为非作歹的吏胥或本身就是为非作歹的吏胥，把持官府，包揽词讼。二是“废天下之生员而百姓之困苏”。生员与乡宦、吏胥一样，享有免赋免役的特权，于是所有的赋役负担就全部转移到普通的老百姓身上。三是“废天下之生员而门户之习除”。因为这些生员最善于投机钻营，结党营私。四是“废天下之生员而用世之才出”。全国的生员不下五十万人，但他们只会写八股文，要想从中找到真正有治国用兵之术的人，数千人中也没有一个。

顾炎武系统阐发了“用辟举之法，而并存生儒之制”，即实行按人口比例来选拔推荐人才的选举法，以及改革科举制度的主张。他首先定下了一条总的原则，即天下之人，不管他是不是生员，都可以被举荐到朝廷。传统的生儒之制当然是要保留的，但对这些秀才的名额要加以限制，免得像过去那样，生员太多、太滥，人们瞧不起生员，生员亦不知自重。生员中的优秀者，可以直接选送到礼部参加进士考试，不必再经过考举人的环节。考中进士的，只授予他们县级以下的簿尉之职，让他们从基层的小官做起，去体会普通民众的疾苦，以平其贪婪躁进之情。他还主张，选送到礼部去参加进士考试的人，并不一定要出自生员，只要是有真才实学的人，都可以被举荐到朝廷去。只有不拘一格选拔人才，才能打破以往取士只出于生员一途的局面。

顾炎武认为，国家选拔人才要做到“考其乡邑之誉”“众议定其高下”，以保证选拔人才的质量。同时，他认为大臣子弟不应享有从政的优先权。他举例说，北魏孝文帝时，于烈担任光禄勋卿，其子于登援引以往大官子弟恩荫做官的先例，要求授予官职，于烈上表孝文帝，请求将其子黜落，孝文帝认为于烈上表中所说的话是有识之言。顾炎武感叹说，于烈虽然是一介武夫却如此深明大义，实在是难能可贵。

(2)“政教风俗苟非尽善，即许庶人之议”——论清议与庶民议政

孔子说：“天下有道，则庶人不议。”这本来是一个带有原始氏族民主制遗风的命题。可是这一命题却常被专制统治者加以歪曲，对政治的任何批评都被看作“恶毒攻击”天下无道。顾炎武则恢复了孔子这句话的本意，并由此发挥出主张庶民议政的开明思想。《日知录》卷十九《直言》条强调：“政教风俗苟非尽善，即许庶人之议。”在顾炎武看来，以中国之大、人口之众，谁又能断言其政教风俗尽善尽美呢？既然不是尽善尽美，又怎能不允许人民议论呢？

诚然，读书人针砭时弊的言论，民间百姓批评弊政的歌谣，并不总是像孔夫子主张的那么“怨而不怒，哀而不伤”，那么“温柔敦厚”，毫无锋芒；相反，批评很可能是激烈的，听起来并不那么顺耳。难道可以以此为理由来加以禁止吗？顾炎武指出：“诗之为教，虽主于温柔敦厚，然亦有直斥其人而不讳者。”这些“直斥其人而不讳”的诗歌，正体现着古老的“《十月之交》诗人之义”；至于孔子删诗而不删针砭时弊的篇章，社会对特立独行、敢于讲真话的人的宽容，就更是“古人风俗之厚”的表现。而后世帝王大兴“文字狱”，动辄因为思想和言论对人进行虐待和迫害，乃是因为他们心胸狭隘、缺乏自信，面对他们仅仅代表极少数人利益的权力合法性危机惶惶不可终日。

他认为古代的圣王为了澄清吏治，不仅以法律来制约官员的行为，而且通过“立闾师，设乡校，存清议于州里”的形式，让学校来议论政治，评说政治的得失，用舆论监督来辅助法律之不足。他主张“进乡评以扶国是”“官职之升沈（沉）本于乡评之与夺”，即官员的提拔任免都要倾听群众的呼声，征求群众的意见，这显然是正确的。他说像尧、舜那样的帝王尚且在决策时要征求普通老百姓的意见，哪里像后世的帝王，任何事情都不必经过民众的同意，却在那里妄称“为民立极”！他反复强调，允许人民议论政治，讨论政治问题，评说政治的得失，为“王治之不可缺”。所有这些观点，都是顾炎武思想中极其宝贵的民主性精华。

五、经济思想

明代中叶以后，中国社会的商品经济迅速发展。商品经济的发展带来了新的社会矛盾，在顾炎武的思想中形成了新的问题意识。如何解决经济领域中的非经济因素与商品经济发展的矛盾？如何在新的历史条件下解决中国社会的土地问题、奴婢问题，以及地主与农民的矛盾？如何通过发展生产来推动中国社会商品经济的发展？如此等等，成为顾炎武着重加以探讨的问题。

自由贸易的经济思想

晚明中国商品经济的发展提出的首要课题是，如何使社会经济生活最大限度地摆脱专制主义的行政权力的干预，使从事社会经济活动的人们最大限度地摆脱专制国家的超经济强制式的掠夺，使私有财产得到保障，使人们得以在法律的保障下自由地从事生产和贸易活动，以推动中国社会的商品经济走上健康发展的轨道。正是在这一问题上，顾炎武总结了晚明社会商品经济发展的经验教训，特别是通过对破坏商品经济发展的非经济因素的分析和相应对策的提出，深刻阐述了“为天子为百姓之心，必不如其自为”的自由经济思想，为中国社会的近代转型作出了重要的理论贡献。

（1）对中国社会经济发展状况的认识

顾炎武通过对社会经济生活的考察清醒地意识到，正是每一个人追求其合理的私人利益的欲望，才是社会经济发展的最直接的动力。以农业为例，顾炎武认为“人始知有种田之利，而城中富室始肯买田，乡间贫民始不肯轻弃其田”。如果不是土地能给自己带来实际的经济利益，那么谁也不会重视土地和农业生产的作用。以对外贸易为例，正是对于经济利益的追求，驱使着东南沿海的商人和徽州商人们走上了不畏艰险的致富之路。

在顾炎武的笔下，中国东南沿海的商人也有如同西欧商人那种明知航海危险也要冒死以往的精神：“海滨之民，惟利是视，走死地如鹜，往往至岛外区脱之地曰台湾者，与红毛番为市。……官府即知之而不能禁，禁之而不能绝”，“异时海贩船十损二三，及循习于常，所往来，舟无恙，若安澜焉，盖海滨民射利如此”。

顾炎武所论说的徽州商人勤俭致富的精神，与马克斯·韦伯论说的促进资本主义在欧洲兴起的新教伦理精神亦具有明显的相同之处。他认为，徽州商人们之所以能够致富，首先在于勤俭。他说：“新都勤俭甲天下，故富亦甲天下。”商人娶妇才几个月，就出外经商，几十年不归家，至有父子邂逅而不相认识者。如果做生意折了本，宁可终身漂泊死在外面也不好意思回家。男子成年结婚后，如果还在家里吃闲饭，就会被亲友耻笑。即使是有千万金的家庭，其子弟出远门，都是穿着芒鞋步行，只带一把遮雨的伞。这种勤劳刻苦的精神，是其致富的根本原因。

顾炎武还告诉我们，徽州商人之所以能够致富，还在于他们之间有一种精诚团结的协作精神。徽商在资本积累到数十万时，就设一个副手和几个帮手，“其人皆铢两不私，故能以身得幸于大贾而无疑”。到了一定的时候，就分给副手一部分资本，让他独立经营，而不是只让副手为自己赚钱。

基于对中国社会商品经济发展状况的考察，顾炎武认识到“民享其利，将自为之，而不烦程督”的经济规律，鲜明地提出了“为天子为百姓之心，必不如其自为”的近代经济学命题。他认为，只有让人民“自为”，而不是让那些口称“为天子为百姓”的官员们来督促老百姓如何作为，才能最大限度地激发人们勤劳致富的积极性，促进经济的繁荣发展。

（2）对阻碍商品经济发展的非经济因素的分析

晚明中国社会商品经济的发展，既带来了经济的繁荣，也刺激了专制统治者的无穷贪欲。传统的政治体制所赋予他们对人民实施超经济掠夺的各种乱收费的特权，在晚明中国进一步泛滥开来；而某些旧的道德观念依然在发挥着阻碍商品经济发展的作用。这一切使得商品经济发展与各种非经济因素的矛盾凸显出来。

顾炎武敏锐地意识到这一矛盾，认为中国社会的商品经济之所以难以走上健康发展的轨道，主要就是来自各种非经济因素的破坏和干扰，这些非经济因素主要包括以下方面：

第一，专制统治者对人民的超经济强制式的掠夺。明代中叶以后，随着国内银矿的开采和海外白银大量流入中国，提升了白银作为一般等价物的地位，由此刺激了晚明帝王对于白银的贪欲："今日之银，犹乎前代之钱也，乃岁岁征数百万贮之京库，而不知所以流通之术，于是银之在下者至于竭涸，而无以继上之求，然后民穷而盗起矣。"顾炎武还告诉我们，明王朝对民间工商业者的横征暴敛始于万历年间；而天启皇帝的诏书中甚至有"必须殚力急功尽心搜括"之语，"自此搜括不已，至于加派；加派不已，至于捐助，以迄于亡"。

第二，专制统治者对某些经济部门商品贸易的垄断。顾炎武以唐朝刘宴放开东南食盐贸易的事实证明，食盐贸易由国家垄断时，江淮盐利仅四十万缗，而开放盐禁后，国家所获得的盐利竟多达六百万缗，是原来的十五倍。为什么由国家垄断贸易时国税却少，开放盐禁后国税却多呢？原因就在于由国家垄断贸易势必多设盐吏，正是这些如虎如狼的盐吏们大量侵吞国税，又阻碍了食盐的自由流通，造成了民生的困乏。后世食盐贸易之所以不能放开，就在于这一大批靠垄断食盐贸易而大发横财的盐吏们的阻挠。这一论述，十分深刻地揭示了后世食盐贸易不能放开的根本症结所在，与马克斯·韦伯所论说的儒家士大夫为维护其收费的特权而阻挠自由贸易的观点真可谓不谋而合。

第三，政治腐败，官商勾结，垄断市场。顾炎武认为，在阻碍中国社会商品经济健康发展的各种非经济因素中，最关键的因素在于政治腐败。在晚明中国，有一大批利用手中掌握的权力和资源来从事商业活动、与民争利的官员，有一大批具有官场背景、并在这种背景下从事不公平竞争的商业活动的豪绅："自万历以后，天下水利、碾硙、场渡、市集无不属之豪绅，相沿以为常事矣。"这一势力在相当大的程度上垄断了市场，严重阻碍了民间的自由贸易和商品经济的发展。

(3) 论解决非经济因素与商品经济发展的矛盾

为了解决上述各种非经济因素与商品经济发展的矛盾，顾炎武提出了以下对策：

第一，取消对工商业者实行横征暴敛的税收政策。在《读宋史陈遘》一文中，顾炎武借评说宋代史事，对专制统治者摧残民间工商业的税收政策予以无情的谴责。《宋史》将陈遘列入忠义传，表彰他在方腊起义时坚守城池、为朝廷捐躯的事迹。但顾炎武的看法却不同，他认为陈遘的"害民之罪"远胜于他对皇帝的尽忠。正是陈遘首先提出了征收"经制钱"的税收名目，使城市市民和工商业者不堪重负。陈遘可以说是宋朝政府对城市市民和工商业者实行横征暴敛的税收政策的始作俑者，所以，尽管他在方腊起义时固守山中，一家十七人皆为叛将所害，也不足以偿其剥民之罪。而这种对民众实行横征暴敛的税收政策，正是导致宋朝灭亡的一个重要原因。顾炎武对宋朝灭亡教训的总结，实际上也是对明王朝灭亡的教训的总结。在顾炎武看来，官员们对待人民的态度远比对于皇帝的忠诚更为重要。

第二，整顿市场经济秩序，主张行政权力退出市场竞争。针对晚明中国官商勾结、垄断市场的情形，顾炎武主张严厉打击与民争利的"官倒"，禁止官员及其亲属经商。为了使行政权力从市场竞争中退出，他主张采取汉元帝时贡禹所提出的建议："禹又欲令'近臣自诸曹侍中以上，家亡得私贩卖，与民争利，犯者辄免官削爵，不得仕宦'，此议今亦可行。"他主张食盐自由贸易，反复论说开放盐禁有利于国计民生，力主撤消设置"盐吏"的"掩耳盗钟之政"。他认为商品的流通有其因

"地利之便"的自然规律，不是国法所能禁止得了的；改变由国家垄断食盐贸易的局面，不仅有利于国计民生，而且有利于澄清吏治。

第三，主张无地域限制的自由贸易，包括开放海禁，允许民间开展对外贸易活动。反映商品经济发展的要求，顾炎武继承了晚明学者关于自由贸易的思想，并加以发挥，特别是主张发展民间的对外贸易。在《钱粮论》中，他陈说了海禁政策的危害，指出"海舶既已撤矣，中国之银在民间者已日销日耗"这一事实，说明了海禁政策不利于国计民生的道理。在《天下郡国利病书》中，他更详细考察了明代中叶以后东南沿海对外贸易的情况，抄录了隆庆初年福建巡抚徐泽民"请开海禁，准贩东西二洋"的奏疏，万历六年（1578）兵部请于福建漳、泉二州设市舶司的奏疏，崇祯十二年（1639）给事中傅元初《请开洋禁疏》等重要文献。他以此说明，只有开放海禁才能解决东南沿海人民的生计问题，才能解决对国家和人民都造成严重危害的"倭寇"问题，也才能解决沿海官员勾结"倭寇""因缘为奸利"的问题。

论国家权力对于经济发展的作用

顾炎武主张行政权力退出市场竞争，是否意味着国家权力对于经济发展处于无所作为的地位呢？不然。在顾炎武看来，在行政权力退出市场竞争以后，国家仍可以对市场经济的健康发展发挥重要的作用，这种作用主要表现在对私有财产的保护，以及税收政策和生产关系的调整等方面。

（1）"以当代之君而还前代所夺之地价"——论保护私有财产

顾炎武理想中的土地制度是北魏的均田制，即按劳动力的多寡来平均分配土地、确保耕者有其田的土地制度。他认为均田制可为“百世之规”，以帝王的政治权威在天下大乱之后，原有土地的主人已经不复存在的条件下，实行耕者有其田的均田制，乃是易如反掌的事情。宋朝学者林勋作《本政》一书，著名的司功派学者陈亮认为“必有英雄特起之君，用于一变之后”，顾炎武对此特别赞赏，称之为“知言之士”。

但顾炎武直接面对的是土地进入商品流通领域的新形势，因而他主张实行土地私有制，反对“普天之下，莫非王土”的传统土地国有制。对于宋理宗景定年间实行的名为出钱购买、实为强行夺取的剥夺民田而归官方所有的政策，顾炎武作了强烈的批评，认为正是由于宋理宗实行此项政策，导致东南六郡民众骚动不安，不久南宋就被蒙古人灭亡了。对于明朝后期实行的承认民间对抛荒官田的实际占有，并依民田例起科的政策，顾炎武持肯定的态度。他认为，只有改革官田重赋的弊政，让人民真正取得对土地的所有权，才能“去累代之横征，而立万年之永利”。

他认为，不仅当代之君不得侵犯和剥夺人民的私有财产，即使是被前代之君所剥夺的私有财产，也得无条件地归还给人民：“《隋书·李德林传》：‘高祖以高阿那肱卫国县市店八十区赐德林，车驾幸晋阳，店人上表，称地是民物，高氏强夺，于内造舍。上命有司料还价直。’则是以当代之君而还前代所夺之地价，古人已有之矣。……人主以天下为心，固当如此。”他认为所谓“以天下为心”，既不应是一句空洞无实的漂亮话，也不应当是把天下据为己有的代名词，而应落实到保障每一个人的私有财产上。

(2)“无蠲赋之亏，而有活民之实”——论赋税政策

顾炎武主张赋税政策既要有利于促进商品经济的发展，又要考虑到东西部经济发展不平衡的状况，因时因地制宜。

顾炎武应商品经济发展的需求，对于在商品经济发达地区

实行变实物赋税为货币赋税的一条鞭法持肯定的态度，认为这是“国计民生两裨”的善政。《天下郡国利病书》第六册《苏松》的《查一条鞭之故》条，肯定一条鞭法将各种税收合并成一种，克服了“上不胜其头绪之碎烦，下不胜其追呼之杂沓”的弊病，“最称简便直捷”。又引王锡爵《永折漕粮碑记》说明，国家每年转输东南四百万之粟以给京师，劳民伤财，得不偿失，因此，在东南沿海地区实行一条鞭法，于民于国皆为有利。同书第六册《河南》引《确山县志》以河南确山县实行一条鞭法的效果证明，国家规定应征收的税银一次就交清，地方官再也没有理由横生枝节乱收费，不法吏胥再也没有理由上门敲诈勒索，农民的负担总算得到了减轻，总算过上了安宁的日子。但他提出，实行一条鞭法必须防止贪官污吏“借火耗之名，为巧取之术”，还要防止官府额外加派，防止农村里甲长“指一科十”，防止“豪右人揽收侵欺”。

鉴于中国社会经济发展不平衡的状况，他认为一条鞭法的实行应该因地制宜，不能一刀切。他说，在商品经济不发达的地区，农民还处于自给自足的自然经济状态，无法得到银两，国家的赋税征收银两，就是不切实际的。在实行一条鞭法、允许粮食自由买卖的同时，政府应特别注意粮食的储备，以作备荒之用；而明朝政府由于忽视了粮食的储备，到了崇祯十三年(1640)，就再也拿不出粮食来赈济灾民了，“遂以亡国”。因此，无论是实行货币赋税，还是实行实物赋税，都应根据当时当地的实际情况，而为“权宜变通之法”。

(3)“豪横一清，而四乡之民得以安枕”——论生产关系的调整及以雇佣劳动制度取代蓄奴制度

在中国传统社会中，最苦的是农民，最穷的也是农民。农民贫困的根源在于地主对农民的残酷剥削。顾炎武目睹农民“至有今日完租而明日乞贷者”的悲惨处境，为了解决中国社

会严重贫富不均的问题，明确提出了要限制地主对农民剥削的主张。他说，苏州地区有田的人只占十分之一，靠租种地主土地的人占十分之九，一亩地的收成最多不超过三石，少的不过一石有余，而每亩地的私租重者至一石二三斗，少亦八九斗，最后农民的所得不过数斗。政府既然减少了征收粮食的数额，就应当禁限私租，使上等土地的租粮不得超过八斗，这样就能使贫者渐富，而富者也不至于贫穷。根据黄仁宇先生的考证，明朝的赋税比起同时期的日本幕府来要轻得多。但国家的赋税有限，地主豪绅们欲壑却难填。顾炎武主张禁限私租，可以说是抓住了农民问题的一大关键。

中国自古就有奴婢制度。最早的时候是以战俘、罪人及其家属为奴，而后来奴婢的构成则日益复杂。明代的奴婢，大都是一些为了获得官本位体制的荫蔽、自愿卖身投靠的所谓“家人”，连同他们的土地和财产一起投靠到官绅豪右之家，这样他们也就获得了免除赋役的特权。顾炎武说，这些投靠为奴的人大都是一些凶恶而又狡诈的人，这种人不仅倚官仗势，为害乡里，而且依附于朝廷的权贵，危害国家，如严嵩的家仆就是如此。他说：“人奴之多，吴中为盛。其专恣暴横，亦惟吴中为甚。”鉴于奴婢制度对社会所造成的严重危害，顾炎武坚决主张废除奴婢制度，以雇佣劳动制度取代延续了三千年的蓄奴制度：“有王者起，当悉免为良而徙之，以实远方空虚之地。士大夫之家所用仆役，并令出赀雇募，如江北之例。则豪横一清，而四乡之民得以安枕。”从身份到契约，是从中世纪走向近代的必经途径。顾炎武关于废除奴婢制度，代之以雇佣劳动制度的主张，正代表了社会发展的趋势。

论发展经济为解决一切社会问题的根本途径

晚明中国社会商品经济的发展，尚且处于资本原始积累的阶段。初具近代性质的商品经济的发展，既给社会带来了新的活力，也伴随着它与生俱来的“原罪”。马克思所说的“不仅有资本主义生产的发展苦着我们，而且有资本主义生产发展不够的情形苦着我们”的情形，在这一时期的中国已初步展示出来。如何认识商品经济发展的二重性、解决经济发展与道德伦理的矛盾？如何通过发展生产来推动中国社会商品经济的发展？如何解决中国大地上自然生态环境遭到严重破坏的问题？面对这些新的问题，顾炎武同样作了富有价值的探索。

(1)“今天下之患，莫大乎贫”

正如世界上的一切事物无不具有两重性一样，商品经济的发展也有其两重性，对此，顾炎武有很深刻的认识。《天下郡国利病书》引《歙县风土论》，把明朝嘉靖前后看作两个不同的历史阶段，详细记叙了随着商品经济的发展所带来的社会风气的变化。从明代开国到弘治年间，整个社会尚且笼罩在一片田园诗般的纱幕之中，男耕女织，比邻敦睦；而到了正德末、嘉靖初，则出现了“商贾既多，土田不重，操赀交接，起落不常”的情形；到了嘉靖末、隆庆间，已是“末富居多，本富益少”“贸易纷纭，诛求刻覈”的状况；到了万历年间，“金令司天，钱神卓地”这一社会关系变化的本质特征呈现出来，乃至出现了“贪婪罔极，骨肉相残”的局面。在这一发展过程中，“诈伪萌矣，讦争起矣，纷华染矣，靡汰臻矣”“富者愈富，贫者愈贫”，这正是一幅处于资本原始积累时期的中国社会的风俗画。

处于这种情形的中国将何去何从？顾炎武面对此问题，心里是矛盾的。但他终究还是看到了人民的生计问题的解决乃是解决社会道德问题的前提，所以他反对以“道德”的名义来阻碍和破坏商品经济发展，确认经济发展的优先地位。例如，杭州素以旅游业发达著称，市民们多赖此为生，可是官府却经常以整顿风俗为名，对市民们的商业活动予以取缔。对此，顾炎武在《肇域志》中引用了王士性《广志绎》卷四的有关论述，指出："游观虽非朴俗，然西湖业已为游地，则细民所藉为利，日不止千金。有司时禁之，固以易俗，但渔者、舟者、戏者、市者、酤者，咸失其本业，反不便于此辈也。"从而也就阻碍了商品经济的发展。他的这一观点，显然是合乎当时中国经济发展大趋势的明达之论。

他认为贫穷乃是中国社会的最大忧患。中国社会不是苦于经济的发展，而是苦于经济的不发展："今天下之患，莫大乎贫。"而一切社会问题的解决，最终都只能通过发展生产的途径。因此，他十分注重经济发展问题的研究，把生财之方看作与用人行政同等重要的立国之本，主张通过发展农业、畜牧业和手工业来推进商业的发展。其《田功论》说："今天下大富有二，上曰耕，次曰牧，国亦然。"他曾经进行过农业的股份合作制的资本主义经营方式的试验，与傅山、李因笃、朱彝尊等二十余人集资垦荒于雁门关之北，并亲为筹划经营。他认为手工业也是"富国之本业"，主张在贫穷的陕北地区大力发展手工业。他认识到"民享其利，将自为之，而不烦程督"的经济规律，认为只要老百姓从发展手工业中获得了实际利益，就可以最大限度地激发他们勤劳致富的积极性。

他主张开放矿禁。在《天下郡国利病书》中，对这一问题进行了颇为认真的讨论，认为对于民间开矿的问题，与其禁止，不如开放。他说："山川之产，则冶金之矿为利实巨。……究而言之，塞则治其标，开则攻其本；塞则资盗，开则资公；塞则免祸于暂而终有害于民，开则上利于国而下亦利于民矣。"他主张藏富于民，地方的富裕即是国家的富裕，国家不必与地方争利，"利尽山泽而不取诸民，故曰此富国之策也"。

(2)"无欲速，无见小利"——论保护自然生态环境

顾炎武主张把发展经济看作解决中国社会的一切棘手问题

的根本和关键；但是，作为一位有远大眼光的思想家，他又绝不是那种只讲发展经济而不顾及生态环境的人。对于中国社会经济史的考察，对于历史地理的研究，以及长期奔走南北的实地调查，使他能够正视中国大地上自然生态环境已经遭到严重破坏的严峻现实，从而深刻总结历史的经验教训，并由此得出了经济发展必须以尊重自然规律、维护自然生态平衡为前提的科学结论。

他看到，作为中华民族的“母亲河”的黄河早就变成了一条经常“横决为害”的河流，而作为天下财阜之区的锦绣东南亦因自然生态的破坏而导致“十年之内荒恒六七”。他以历史事实证明，黄河流域生态环境的破坏并不是由于自然的变迁，而是由于人为因素所造成的。他说：“河政之坏也，起于并水之民贪水退之利，而占佃河旁汙泽之地，不才之吏因而籍之于官，然后水无所容，而横决为害。”他以五代、宋、金的史料记载说明，山东梁山水泊本有方圆八百里的水面，而到了明末清初，却只剩下方圆十里的面积了，可见黄河流域自然生态破坏之严重，而这种破坏，皆是由于人与水争地所造成：“非河犯人，人自犯之。”这一精辟概括十分深刻地说明了尊重自然规律对于人类生存和发展的重要意义。

他说，东南地区生态环境的破坏也是人们贪图一时之小利的愚蠢行为所导致的：“宋政和以后，围湖占江，而东南之水利亦塞。”他说围湖占江造田的做法之所以愚蠢，就在于“徒知湖中之水可涸以垦田，而不知湖外之田将胥而为水也”。他十分重视“江湖通达”对于发展生产、改善人民生活、推行礼乐教化、建设和谐社会的重要意义，指出：“江湖通达，然后田野丰登，田野丰登，然后仓廪盈溢，仓廪盈溢，然后府库充足，盗贼可息，词讼可简，教化可行，礼乐可作，上下各安其分，神人各正其所，尚何灾患之足忧哉？”在这里，“江湖通达”的生态平衡甚至被看成了人类社会健康和谐发展的最根本的前提。

鉴于自然环境遭到破坏的既往教训，顾炎武力主在致力于发展经济的同时必须尊重自然规律。他说：“古先王之治地也，无弃地，而亦不尽地。田间之涂九轨，有余道矣。遗山泽之分，秋水多得有所休息，有余水矣。是以功易立而难坏，年计不足而世计有余。”他引证孔子关于“无欲速”“无见小利”的教诲来告诫人们，要有长远的眼光，不可“一以急迫之心为之”，不可因一时之小利而忘万年之大计。顾炎武的这一观点，对于我们正确处理经济发展与保护自然生态环境的关系、探寻可持续发展的途径，仍然具有重要的现实意义。

六、文学思想

顾炎武的文学思想，继承并发展了晚明性灵派关于诗歌要表现真性情的观点，又在提倡文学家的社会使命和责任、倡导文学作品的社会批判精神方面提出了许多重要的思想见解。

论诗歌的“情感—审美”本质

宋代以来，道学家评论文学作品“以理为宗”，故对于反映人的感性生活欲求的作品、特别是反映男女情爱的作品“必以坊淫正俗之旨严为绳削”，如朱熹的弟子王柏删《诗经》、真德秀删《古诗十九首》等等。对此，顾炎武提出了颇为严正的批评。

顾炎武从存列国之诗以观民风的观点出发，认为孔子对于列国之诗兼而存之的做法是正确的。《诗经》中的《桑中》之篇、《溱洧》之作，都是反映人民自由情爱生活的作品。在文明史的初期，情感与道德理性的冲突，是以在特定的节日中恢复旧时自由的两性关系来补偿的，即使在中国早期儒家经典中也有这样的记载。《周礼·媒氏》："中春之月令会男女，于是时也，奔者不禁。"这种母系氏族公社群婚习俗的孑遗，当时在国中还相当普遍：楚有云梦，宋有桑林，魏有桑间濮上之风等等，就像是古希腊的酒神节一样。他不否认《诗经》中的《桑中》《溱洧》等诗篇是"淫奔之作"，但他认为即使是淫奔之作也不是不可以保存，因为要做到"使四方之风有贞而无淫"是不可能的。孔子把反映这种风俗的诗篇保存在《诗经》中，正是为了反映当时社会生活的真实状况。因此，他批评朱熹一派的道学家为"后之拘儒"，说他们由于不明白这些道理，才会说出"淫奔之作，不当录于圣人之经"这样的蠢话来，就像唐朝的太子李弘说孔子不该把商臣弑君这件事记载在《春秋》中一样。

如果说以上论述还只是就诗歌所具有的"观民风"的认识功能而对孔子保存"淫奔之作"予以肯定的话，那么，他对真德秀删削《古诗十九首》的批评，就不仅是立足于诗歌所具有的认识功能，而是立足于诗歌的"情感—审美"本质来立论了。他说，《古诗十九首》乃是对《诗经》"国风"之义的继承，其中所反映的人们的情感和追求，都可以在《诗经》中找到；人们不仅可以从《古诗十九首》中看到汉代的风俗，而且可以与《诗经·国风》的比较中看到那永远也不可泯灭的古今人性的相通之处。而道学家评论文学作品"以理为宗"，必欲把反映人们感性生活追求和情爱的作品排斥于所谓"文章正宗"之外，这正是其一大弊病。"以理为宗"必导致"执理太过"而"失国风之义"，因而"不得诗人之趣"。

道学家对于《诗经》中描写女性容貌美的作品极为忌讳，往往对这些诗篇加以曲解。如《诗经·国风·何彼秾矣》一诗，就被说成是"讥刺"之作。顾炎武对这一观点进行了驳斥。他认为，古人以描写女子的容貌姣美、姿色艳丽来象征妇女美好的德行，所以《诗经》中的《硕人》之篇描写女人的美丽简直是无所不极其形容，《野麇》之篇也赞美“有女如玉”。从汉魏到唐朝，仍然有大量的赞美妇女姿色的文章，如江淹的《丽色赋》、张说的《唐昭容上官氏文集序》等等，就是十分著名的篇章，即使在十分庄重的碑文中也是如此。哪里像宋代以下之人，以描写女人的姿色为忌讳呢？顾炎武对宋明道学的这一批评，不仅反映了他对文学作品的“情感—审美”本质的认识，而且具有反对宋明道学把妇女物化成为生殖工具的伦理异化的积极意义。

论创作个性之解放

顾炎武继承了晚明学者对复古文风的批判，对复古主义文风展开了更为深入彻底的批判。他说：“近代文章之病全在摹仿，即使逼肖古人，已非极诣，况遗其神理而得其皮毛者乎。”他认为，只有立意能出古人范围之外，才是具有独创性的作品。

他要使学者心智的创造力和创作个性从一味模仿古人的偶像崇拜中解放出来。他规劝一位诗学杜甫、文学韩欧的友人说：“君诗之病，在于有杜；君文之病，在于有韩欧。有此蹊径于胸中，便终身不脱依傍二字。”在顾炎武看来，杜甫之诗，韩愈、欧阳修之文，当然都有很高的造诣，甚至是那个时代不可企及的典范，然而却不可以作为后世模仿的对象，一来所处的时代不同，二来学者亦有其个性差异，纵然模仿得极像，不过是得其皮毛而遗其神理的假古董而已，毫无价值可言。

为了彻底廓清复古文风的消极影响，顾炎武进而探讨了文学发展的规律性。他认为，文学的体裁、语言和艺术风格总是时代的反映，文学的发展也与社会的发展一样，有其内在的必然规律：从《诗经》到《楚辞》，从楚辞到汉赋，从汉魏的五言诗到六朝的骈体文，再到唐朝的诗歌和古文复兴运动，是一个“诗文代变”的必然历史过程，犹如社会发展过程中一定要贯彻下去的必然趋势一样。这就决定了一个时代有一个时代的文学，不同时代的文学有不同的体裁和艺术风格。既然人们心灵中所要表达的思想感情已经伴随着时代的推移而发生了变化，文人学者们还要模仿古人的那些过时的语言来写作，不就是一件十分迂腐可笑的事吗？

顾炎武并不否认文学作品的体裁、语言和艺术风格有其历史继承性，今人的作品必有与古人相似之处；但从创造性的方面来看，今人的作品又必然不似古人。顾炎武以诗歌创作为例，对“似”与“不似”的辩证关系作了深刻论述。他说，在诗歌创作中，完全不顾传统的体裁和规范，一味追求“不似”，就会“失其所以为诗”；而一味模仿古人，无论在语言和风格方面都追求与古人相似，“似”则似矣，然而则“失其所以为我”。因此，真正的创作必须善于在“似”与“不似”之间保持必要的张力。他说在唐朝的众多诗人中，李白和杜甫之所以能够出乎其类、拔乎其萃，就在于他们特别善于处理继承和创新的关系，是善于在继承前人的基础上充分发挥自己的创作个性、在诗歌中表现自己的独特自我的人。

顾炎武坚决反对专制统治者以所谓“定格”来束缚文人学者的思想和才华，呼唤勇于冲破束缚的“俊异之才”和自由表达思想的优秀作品。他认为文章本无定格，凡是能够“独出千古”的好文章，都是不受任何格式束缚、自由表达自己思想的论说。他说汉朝的晁错、董仲舒的对策之所以写得好，就在于汉朝并没有给读书人如何写文章规定任何“程文格式”。因此，只有彻底破除束缚人的思想的程文格式，让人们自由地表达自己的思想感情和创作个性，才能改变文坛上江河日下的腐朽风气，造就不同凡俗的俊异之才，产生独出千古、具有不朽价值的文学作品。

论文学的社会使命和责任

特别重视文学的社会使命和责任，是顾炎武文学创作理论的一大特色。他认为要使文学能够承担起自己的社会使命和责任，就必须造就具有非凡“器识”的学人。他提出了“文须有益于天下”的创作主张，呼唤文学家的道德担当的勇气和社会批判精神。

(1)“士当以器识为先”——论“器识”与文学的关系

文学作为人的精神的对象化活动产物，是直观文人学者精神气质的一面镜子。文人学者的胸怀是否宽广，眼界是否高远，气度是否恢弘，心术是否纯正，品行是否正派，见识是否深刻，才华是否卓著，如此等等，都会反映到文学创作中来，这就是所谓“文如其人”的道理。文人们能否写出好文章，首先并不在于才气和写作的技巧，而在于是否具有高卓的精神境界、博古通今的学识和无私无畏的道德担当的勇气。

针对晚明华而不实的文风，顾炎武提出了他的“器识”论，强调“士当以器识为先”。这一命题直接来自宋朝的刘挚。而刘挚的“士当以器识为先”的说法，又来自唐朝人裴行俭的“士之致远，先器识而后文艺”这句话。但他们三人所讲的器识内涵却有很大的不同。

顾炎武所讲的器识，与裴行俭讲的器识根本不同。《旧唐书》说吏部侍郎裴行俭“尤晓阴阳算术，兼有人伦之鉴”，他能够看出一个人是否是“享爵禄之器”，是一个善于预测他人官运是否亨通的人。他一见到王勮和苏味道，就说这两个人官运不错，但他对后来被称为“初唐四杰”的王勃、骆宾王、杨炯、卢照邻等人的预测却不佳，说：“士之致远，先器识而后文艺。勃等虽有文才，而浮躁浅露，岂享爵禄之器耶？杨子沉静，应至令长，余得令终为幸。”后来这些人的命运果然都应了裴行俭所说的话。裴行俭这里所说的器识是他之所谓“致远”，即在官场上飞黄腾达的器识。

顾炎武的器识论，比刘挚所讲的器识具有更为丰富的内容。刘挚认为，只有“性忠实而才识有余”者方能称得上有器识，颇近于今日之所谓“德才兼备”的意味。顾炎武则对器识的内涵作了多方面的具体规定。首先是经学素养。他认为读书人应该精研“六经”，否则，其才华就会像地面上的小水坑一样容易干涸。其次是史学素养。他认为读书人应该博通古今，否则就会像牛马穿上了一件人的衣服一样。再次是使命感、责任感和实践能力。不能只会写文章，而应关心社会，关心时事政治，善于审视和解决时代所提出的问题。只有合乎上述标准才算是有器识。从“士当以器识为先”的观点出发，他强调读书人一定要有思想、有血性、有骨气。他说：“苟其人性无血，心无窍，身无骨，此尸行而肉走者矣。”

他认为读书人应该有“救民于水火之心”，著书立说应该有益于指导社会实践，解决时代所提出的问题。他说学者虽然不能像政治家那样直接从事各种社会活动，但却可以像孔子一样，以自己的思想和学说来指导政治家的社会实践，让政治跟着学术走。他继承了柳宗元所倡导的“文以明道”的传统，主张以文章来“明道教人”，以政治家为教导的对象，以发挥其指导社会实践的作用。而要做到这一点，就要敢于直面社会现实，对“当世之所通患”进行揭露和批判，并提出自己的政治主张或解决现实社会问题的方案。

(2)“《十月之交》诗人之义”——论文学作品的社会批判精神

中国的文学家历来就有两种传统：一种是为专制统治者歌

功颂德、粉饰太平的传统；另一种是揭露和抨击社会黑暗现象的现实主义传统。中国历代正直的学者和文学家，都是富于社会批判精神的后一种传统的代表者。孔子谴责“苛政猛于虎”；孟子愤激地揭露“庖有肥肉，厩有肥马，民有饥色，野有饿殍，此率兽而食人也”；杜甫以“穷年忧黎元”的深广人道情怀，把世上疮痍、民间疾苦化作笔底波澜，写下了“朱门酒肉臭，路有冻死骨”等许多富于批判精神的诗章。顾炎武的诗论，正是对这一优秀传统的继承和弘扬。

传统诗教的“温柔敦厚”之义，要求人们纵然对社会现实不满，也必须做到“怨而不怒，哀而不伤”。可是顾炎武却有不同的看法，他以《诗经》中批评师尹、批评周幽王和周厉王、批评皇父卿士和番维司徒等等的诗句表明，《诗经》中多有“直斥其人而不讳者”，而古人却不以为嫌；而屈原在《离骚》中亦直斥楚怀王的少弟司马子兰和楚国大夫子椒；杜甫在《丽人行》中亦直斥唐玄宗因宠爱杨贵妃而重用其兄杨国忠、并封其姐妹为虢国夫人和秦国夫人的昏庸行为。顾炎武认为，这正是深得《诗经・小雅・十月之交》之“诗人之义”的表现。至于孔稚珪的《北山移文》和刘孝标的《广绝交论》等等，对当时的达官显贵或明斥，或暗讥，或规劝，或讽喻，皆直抒胸臆，畅言无忌。对此，顾炎武认为“此皆古人风俗之厚”的表现，不似当今文人学者对权势者谄媚工谀，对无权势者冷眼相看的浇薄。

唐朝大诗人白居易以写作政治讽喻诗著称，以致“执政者扼腕，握军要者切齿，权豪贵近相目而失色”。而顾炎武则认为白居易是真正懂得作诗之旨的人。他还引证了晋朝的葛洪在《抱朴子》中所说的一句话：“古诗刺过失，故有益而贵；今诗纯虚誉，故有损而贱。”认为富于社会批判精神的作品，才是真正有益于社会的，它体现着作者的高贵人格，因而值得珍视；而那些为专制统治者歌功颂德、粉饰太平的作品，只能对社会有害，亦足见作者人格之卑劣，只能被人们唾弃。

顾炎武最痛恨读书人作向权势者献媚的文章，对这一卑劣的行为加以愤怒的鞭挞和无情的谴责。他说在世俗的眼光看来，只有那种八面玲珑、四面讨好、工于向权势者献媚的读书人，才能被称为“通人”；而在顾炎武自己看来，这种所谓“通人”其实是“天下不仁之人”，是厚颜无耻的人，是巧言令色、丧失了人之所以为人的基本品格的人，是败坏社会道德风气的人。他认为，只有具有“天下之大勇”的真正的志士仁人，才能抵御这种恶劣的学界风气，而这正是真正的学者所应具有的道德人格。

(3)“立言不为一时”

中国古人重“时”。但对于“时”的不同理解却可以引申出完全不同的人生态度，对于以“立言”为安身立命之宗旨的文人学者来说，就会产生两种完全不同的写作态度。一种是统治者需要什么就写什么，以文章去迎合统治者一时需要来换取功名利禄。八股文之所以被称为“时文”就在于此。孔子之所谓“小人喻于利”，用在这里乃是最合适不过的。另一种是面对专制统治者倒行逆施、无耻文人助纣为虐的昏天黑地，以沉着坚定的目光透视时代发展的必然趋向，为解决时代发展所必然提出的问题去思考、去写作，而不管这样做是否能给自己带来现实的利益。孔子之所谓“君子喻于义”，此之谓也。

顾炎武主张“立言不为一时”。他说：“天下之事，有言在一时，而其效见于数十百年之后者。”例如三国时司马朗有实行均田制度的论说，当时未能实行，但百年之后的北魏就实行了，并且一直延续到隋唐时期；北齐的文襄王有铸五铢钱以统一货币的议论，当时不能实行，但到了隋文帝时却实行了，并且直到宋朝还在仿行此种币制；元朝初年的虞集建议在北方沿海“筑堤捍水为田”，以解决当地人民的生计问题，这一建议当时未能实行，但到了至正年间却实行了。根据这些历史事实，顾炎武感叹地说，“呜呼！天下之事，有其识者，不必遭其时；而当其时者，或无其识。”他说，那些活着时很受统治者赏识的人，往往是一些无见识的阿谀奉承之徒；而那些有独立思想的人，却往往是生不逢时，免不了要遭到种种的坎坷、挫折，甚至迫害。然而，真正对国家和民族有益、具有“开物之功，立言之用”的价值的，正是那些具有独立的思想见识却不被短视的统治者所赏识的人。

纵观历史，顾炎武强调学者立言贵在独创：“其必古人之所未及就，后世之所不可无，而后为之。”他认为孟、荀、老、庄、管、商、申、韩等学者皆能自成一家之言，因而在历史上有其不朽的价值。他在《日知录》中，多次引用被孟子斥为“无父”和“禽兽”的墨子的言论，多次引用与朱熹学说相对立的事功派学者叶适、陈亮等人的言论，充分肯定这些一家之言的独特价值。顾炎武强调，学者著书要著前人所没有著过、后世所不可缺少的书。这就要求学者具有独立的思想和立言不为一时的自由人格，充分发挥自己的创造潜能，勇敢地表达自己独特的思想见识。

第3章

历史地位和历史命运

与历史上一切伟大的思想家一样，顾炎武的思想中充满着对社会的公共事务进行深刻而彻底的反省、对既往的思想文化进行冷峻而深沉的反思的哲学精神。在以清代明的历史条件下，他满怀深挚的爱国主义热情，认真总结明王朝覆灭的历史教训，重新审视中国传统社会的经济、政治和思想文化，以“明体适用”“引古筹今”的远见卓识，汇集三千年中国历史上志士仁人论道经邦的优秀智慧，批判继承晚明以来中国社会的新思潮，并加以适乎时代要求的发挥，来建构未来民族复兴的蓝图，从而在哲学思想、史学思想、道德伦理思想、经济政治思想和文学思想诸方面都作出了新的理论创造。他的理论创造和学术成就，不仅使他成为与黄宗羲、王夫之齐名的一代思想文化巨人，而且成为继往开来的一代学术宗师，并且对于晚清的思想解放运动和社会改革运动产生了深刻的影响。他崇高的爱国主义情操、独立不苟的人格风范和社会批判精神，至今仍是推进中华民族伟大复兴的精神力量。

一、历史地位

顾炎武思想的学术渊源

论述顾炎武思想的历史地位，首先必须把顾炎武思想的学术渊源说清楚。不讲清这一问题，就无法给顾炎武的思想以一个准确的历史定位。

关于顾炎武的学术渊源问题，历来皆认为顾炎武学宗朱熹。乾嘉时期的著名汉学家江藩在《国朝汉学师承记》中说："亭林乃文清（薛瑄）之裔，辨陆王之非，以朱子为宗。"章学诚在《文史通义·朱陆》篇中更把顾炎武说成是朱熹的五传弟子。著名的顾炎武研究专家张舜徽先生亦列举事实证明，顾炎武之学确实是以朱熹为宗的。例如顾炎武曾编著《下学指南》一书，并在其序言中称该书"衷诸朱子之说"；又如顾炎武晚年在华阴积极修建朱子祠堂，并作《华阴县朱子祠堂上梁文》，称颂朱熹"两汉而下，虽多保残守缺之人；六经之传，未有继往开来之哲。惟绝学首明于伊洛，而微言大阐于考亭。不徒羽翼圣功，亦乃发挥王道。启百世之先觉，集诸儒之大成。"从这段话来看，顾炎武不仅学宗朱子，而且还学宗二程，所谓"绝学首明于伊洛"是也。张舜徽先生以此证明，顾炎武既认定朱子"集诸儒之大成"，则其一生之宗尚便自然有所专属了。

还可以举出一条更重要的证据来支持张舜徽先生的观点。顾炎武在《日知录》卷十四《从祀》条中说："周程张朱五子从祀，定于理宗淳祐元年，颜曾思孟四子配享，定于度宗咸淳二年。自此以后，国无异论，士无异习。历元至明，先王之统亡，而先王之道存。理宗之功大矣！"从以上这段论述来看，顾炎武就不仅是尊崇程朱理学，而且是周程张朱五子所开创的宋明理学的道统的坚定维护者了。

如何理解顾炎武的以上论述呢？我以为，必须从他所处的以清代明的特殊历史情境来理解。在异族入主、“先王之统亡”的历史条件下，如何保存“先王之道”、保住华夏民族列祖列宗开创的“人文化成”的历史文化世界，使之不为“夷狄”所同化，成为顾炎武所思考的一个“当务之为急”的首要问题。在顾炎武看来，朱熹的学说，乃至整个宋明理学，毕竟是汉民族的文化，是民族文化命脉的传承者，因而无论如何是应该给予历史的肯定和尊崇的。只要民族的文化不亡，民族就终有复兴的希望。正是从这一基本立场出发，顾炎武肯定宋理宗和宋度宗这两位亡国之君在南宋即将被蒙古人灭亡之前以周程张朱五子从祀、颜曾思孟四子配享的举动，认为这对于在异族统治下保存民族文化是一个不可缺少的重要举措，并且对于后来的民族复兴起了巨大的作用。同时，这也正是顾炎武晚年在陕西华阴热衷于筹划修建朱子祠堂、表彰朱熹之学的根本原因之所在。在民族矛盾上升为主要矛盾的时候，“救亡”总是第一位的。如此而已，岂有它哉？从这一视角看问题，无论说顾炎武学宗朱熹，还是说他学宗周程张朱，就都不能说没有一定的道理。

但是，我们还要看到另外一个方面，即顾炎武还有不少批评程朱的言论。批评二程的，如《下学指南序》就说“淫于禅学者……其说盖出于程门”。批评朱熹的就更多了。如批评“图书《易》”（朱熹《易》首列“《洪范》九图”），竟至斥之为“畔（叛）也”；又如他所讲的“举尧舜相传所谓危微精一之言一切不道”，讲“心不待传也”，就是批评朱熹在《四书集注·中庸章句序》中鼓吹的“孔门传授心法”；再如顾炎武批评朱熹的《通鉴纲目》为抄袭之作，简直就是对圣贤的“大不敬”了。至于其他批评程朱的言论就更不胜枚举。“《易》之互体卦变，《诗》之叶韵，《春秋》之例日月，经说之缭绕破碎于俗儒者多矣。”这句话中所批评的“俗儒”的种种观点，无不包含朱熹在内。由此看来，顾炎武对朱熹的推崇实在是有很多的保留。

顾炎武与朱熹还有一个重大的分歧：朱熹继承二程，将“四书”的地位置于“六经”之上。朱熹说：“河南程夫子之教人，必先使之用力于《大学》《论语》《中庸》《孟子》之言，然后及乎‘六经’。盖其难易、远近、大小之序，固如此而不可乱也。”又说：“《语》《孟》工夫少，得效多；‘六经’工夫多，得效少。”他晚年甚至将《易经》和《诗经》比作食之无味而弃之可惜的鸡肋，说：“《易》非学者之急务也。某平生也费了些精神，理会《易》与《诗》，然其得力，则不如《语》《孟》之多也。《易》与《诗》中所得，似鸡肋焉。”对于《易》，晚年朱熹“只欲作卜筮用”。与朱熹不同，顾炎武则重新恢复了“六经”的地位，并赋予了《易经》以“尽天下之书皆可注《易》，尽天下之书不可以尽《易》”的崇高地位。朱熹说：“臣子无说君父不是底道理，此便见得是君臣之义处。”可是顾炎武却有许多批评君主的言论……

顾炎武有言，“学《楚辞》者必不如《楚辞》，学《七发》者必不如《七发》”，对“摹仿”“依傍”“学步邯郸之余说”极其不以为然。以其说推之，他必定认为“学朱子者必不如朱子”，又怎么谈得上“以朱子为宗”呢？至于顾炎武的那些推崇朱熹的言论，不过是对朱熹在儒学发展史上的地位给予历史的尊重，以及借推崇朱熹的“道问学”和重视道德气节来推行自己的“博学于文”“行己有耻”的学术宗旨而已。他在陕西华阴赞助修建朱子祠堂，亦正如他在《与人书》中所说：“今在华下，初建朱子祠堂，以表当年答子静书中遗意。”所谓“以表当年答子静书中遗意”，即肯定朱熹之“道问学”也。不过，顾炎武的“道问学”，即“博学于文”，已不再是朱熹式的教人体验那无所不在的“天理”本体，而是人类所面对的自然世界和历史文化的世界了。

从《日知录》卷十八《朱子晚年定论》条看，在朱陆之争中，顾炎武显然偏向于主张“道问学”的朱熹一边，对于陆王学说的流弊大加鞭挞。但实际上，他在很多方面都吸取了陆王学说的合理因素。其“行己有耻”说，实际上就是对陆九渊的“先立乎其大者，而后使之博览”说、“人之患莫大于无耻”说和王阳明的“良知”说的继承；其“先教之以立志”说，就是陆九渊所云“学者须先立志”和王阳明所云“学本于立志”；其对“乡愿”的批判和对豪杰精神的提倡，所谓“高迈亢爽之人更易入道”说，其实就是对王阳明的“狂者胸次”说和晚明学者大力提倡的豪杰精神的继承和延续，与主张对“狂者”要加以“裁正”的朱熹迥然异趣；其“老庄管商申韩皆自成一家言”的观点，明显是对王阳明之所谓墨杨老释“彼与圣人之道异，然犹有自得”的观点的继承；其对八股时文的批判，亦继承了陆王心学对时文八股化的道学的批判（陆九渊自云：“吾却只辟得时文。”）；顾炎武说：“古之人君未尝讳言财也，所恶于兴利者，为其必至于害民也。”陆九渊在评论王安石变法时亦云：“或言介甫不当言利。夫《周官》一书，理财者居半，……古人何尝不理会利，但恐三司等事，非古人所谓利耳。”在这一点上，二人的观点亦可谓如出一辙。如此等等，不一而足。由此看来，说顾炎武虽名为尊朱，其实更接近于陆王，又有什么疑问呢？王阳明学说流行晚明中国社会近百年，凡生活在此时代之人，无不受此种学说的浸染熏陶，顾炎武虽力矫阳明学之流弊，但也无法使自己的学说不打上时代思潮的印记。

在笔者看来，无论说顾炎武学宗哪一家都不恰当。与其说顾炎武学宗哪一家，不如说他学宗“六经”。“六经”是中国文化的源头，是中国文化的原始经典。以“六经”为宗，溯源以及流，因枝以振叶，方称得上是学有本原，方称得上是大家气象。顾炎武正是如此。所谓“经学即理学”，所谓“经学自有源流”，所谓“其文则史，不独《春秋》，虽‘六经’皆然”，等等，这些经典性的命题，正表明顾炎武是以作为中国文化之源头的原始经典为宗尚的。他的哲学思想、史学思想、道德伦理思想、经济政治思想等等，都主要是通过研究“六经”，进而旁及子、史、集，并辅之以社会调查等等而阐发出来的。即使是作为其学术宗旨之一的“博学于文”，也不是直接来自朱熹的“道问学”，而是来自孔子的“多闻而得，多见而识”，这一点在顾炎武首次论述其学术宗旨的《与友人论学书》中说得明明白白，是万万不可以忽视的。舍“六经”而以朱熹为宗，即使在顾炎武看来，也是一种舍本而逐末的做法，他显然是不赞成的。不知读者们以为然否？

对中国哲学史的贡献

顾炎武的哲学思想可一言以蔽之，曰：对程朱陆王的双向扬弃和在更高的基础上向先秦儒学的复归。他改造程朱理学，吸取其“道问学”的合理因素而拒斥其先验本体；扬弃陆王心学，吸取其“致良知”这一“圣学千古之秘”（冯从吾语）而排斥其末流之空疏放纵；融程朱之“道问学”与陆王之“尊德性”于一炉而陶冶之，由此而形成其即体即用、即本体即工夫、“明体适用”的哲学观。其学术宗旨曰“博学于文，行己有耻”：“博学于文”是对程朱“道问学”的改造，认识的对象不再是体验无所不在的“天理”本体，而是人类面对的自然世界和历史文化世界，从而扩大了认识的对象和范围，并由此开辟了中国哲学的知识论方向；“行己有耻”是对陆王“尊德性”的肯定式的扬弃，把道德践履限定在出处进退取受辞让的范围之内，而不讲“致吾心之良知于事事物物”的泛道德主义，由此开辟了中国哲学伦理学的日常生活批判的转向。在“博学于文”与“行己有耻”的关系上，他强调“士必先言耻”，与陆王之“先立乎其大者，而后使之博览”相同。可见其名为尊朱，其实反而更接近于陆王。

顾炎武的本体论思想，既是从《易》学中发挥出来，又是对张载的元气本体论的继承和发展。他以物质性的“气”为世界之本原，以“气”之聚散来解释万物的生灭成毁，并以此说明一切具体事物存在的有限性和相对性；以“气”之感应来说明事物之间的相互联系，并以此来揭示事物之间同类相感的必然性；以“气”之盛衰和聚散来说明精神现象的存在和消亡，由此而发挥出一整套“唯物”“唯变”的哲学见解。从这一学说中，他引申出“非器则道无所寓”的道器论，为自强不息、与时偕行的实践观提供了哲学形上学的依据；也是从这一学说出发，他发挥出“有恒”的思想，为坚守民族气节、奉常以处变的个人道德践履提供了坚定的信念。

顾炎武的认识论在某种程度上仍带有传统的格伦理之物、致道德之知的意味，但他还有许多超出了传统的认识论范畴的论述。他在认识论上的一个首要的和突出的贡献，就在于他不仅重视道德伦理的知识，而且还十分重视对于自然的科学认知，要人们去探求天文、地理、数学、声学等学科的知识，把精通天文学看作“学究天人”的必由之路。在感性认识与理性认识的关系上，他主张要善于把对于事物的感性认识和杂多的知性认识，经过“观其会通”的思维工夫，运用归纳的方法由博而返约，将其上升到理性认识的高度。同时，在认识的过程中还要善于运用演绎的方法，“举本以该末”、由抽象到具体的认识方法。他明确认为，离开了“多闻”“多见”的认识和实践活动，就不可能有由博返约的理性认识，更谈不上对于天道人事有任何卓越的见识。他深知真知难求，个人的认识能力实在有限，所以他总是充满着一种对于在认识中很容易犯错误的“理性幽暗意识”，反对“执一而不化”“果敢而窒”的独断论，把认识看作一个无穷的发展过程。他的认识论思想，有力地针砭了晚明读书人“山间林下，三三两两，相与讲求性命”的把哲学贵族化倾向，向人们展示了一个真正“究天人之际，通古今之变，成一家之言”的广阔知识天地。

在认识社会发展的辩证规律方面，顾炎武同样作出了卓越的理论贡献。他从事物的共时性存在的方面看到了差异和矛盾的普遍性，“物之不齐，物之情也”，不可能用一种尺度去要求事物一一齐同，消解事物的差异和对立；从事物存在的历时性的方面，他看到了自然界和人类社会的发展都是有规律可循的，“造化人事之迹有常而可验，变化云为之动日新而无穷”。他把这一辩证发展的观念运用于社会历史领域，提出了“天下势而已矣”“势有相因而天心系焉”的历史演化观，主张认识“相因之势”，探询“势”之所以形成的因果关系和其中的辩证转化的环节，并由此得出了“圣人以人占天”“势有相因而天心系焉”的哲学结论。他猜测到，在历史的发展中，似乎隐然有一个先肯定、再否定、再否定之否定的规律在起着作用，社会的发展有一个由“质”到“文”、又有一个在更高的基础上向着“质”复归的倾向，只有通过发展经济，使社会的物质财富极大地丰富起来，从而使得人们不需要“机智”和“奸伪”就可以满足其对于“厚生”的要求以后，才有可能使人性在更高的基础上重返原始的淳朴。基于对社会发展规律的考察，顾炎武从《周易》中发挥出“过中则变”的“时”与“变”之义。他从时代的变化和“百王之治至殊”的历史事实中看到，“天下之变无穷，举而措之天下之民者亦无穷”，认为传统的制度已“居不得不变之势”，并由此总结出“通变宜民”“唯变所适”的辩证法则。

对史学思想史的贡献

如果说王夫之是明清之际早期启蒙思潮的哲学代表、黄宗羲是早期启蒙思潮的政治学代表的话，那么，顾炎武就是早期启蒙思潮中最杰出的历史学代表。他的三大奇书《日知录》《肇域志》《天下郡国利病书》，对于历史地认识中国国情，至今仍具有极其重大的现实意义。在史学思想方面，他具有三大杰出的贡献。

第一，他继承了前辈学者王阳明、李贽、钱谦益提出的“六经皆史”的思想并加以发展，在中国史学史上第一次对“六经皆史”的命题作了具体论证，试图建立以史学统摄经学、经史合一的历史科学。他不仅通过“读九经自考文始，考文自知音始”的论说而开创了清代经学研究的语言学转向，更以对于“六经皆史”的史实论证而开创了清代经学研究的历史学转向。他对《易》学源流、《尚书》学源流、三《礼》学源流的考证，对于汉唐儒家经学历史地位的重新认识等等，不仅体现了他的经学研究的鲜明的历史主义特征，而且多创特解，有力地驳斥了宋儒从“道统论”出发对汉唐儒学所作出的非历史主义的否定。

第二，在历史学的方法论方面，他反对以政治伦理的原则凌驾于实事求是的原则之上，赋予实事求是原则以价值中立的本质属性，努力为近代实证主义史学奠定方法论基础。他认为《春秋》本是“纪实”之书、“阙疑之书”，孔子作《春秋》的方法只是“多闻阙疑，慎言其余”八个字，而所谓“春秋笔削大义微言”的说法不过是误解孔子之意的“郢书燕说”。只有按照孔子作《春秋》时所使用的史学方法去理解《春秋》一书，才是一种“甚易而实是”的方法；从《春秋》中去寻找什么“笔削大义微言”，则是一种“甚难而实非”的方法。基于对《春秋》的以上认识，顾炎武主张，历史事实是怎样的就应该怎样书写，所以他坚决反对以政治伦理的需要去歪曲历史，主张在史学研究中贯彻价值中立原则。他敏锐地意识到：“史策所载，未必皆为实录。”为了廓清历史中的谎言，据实恢复历史的本来面目，他提出了考辨史实真伪、订讹补缺的多重证据法，包括将正史的纪传表志互相对勘的方法，以野史与正史相互参订以寻求历史真实的方法，借助金石铭文等文物资料及对历史遗迹的田野调查来为史书订讹补缺的方法等等。

第三，在历史学的价值论方面，他认为历史学具有“鉴往训今”“引古筹今”“稽天成德”三大功能。“鉴往训今”是为了总结历史的经验，从历史经验中获得有益的教训；“引古筹今”是为了从历史中吸取论道经邦的智慧，来解决社会发展所提出的现实问题；“稽天成德”是为了认识历史发展的规律，不断完善人文化成的历史文化世界。

对伦理学说史的贡献

与中国传统的主流伦理学说相区别，顾炎武的伦理学说并不具有道德理想主义的特征。他不是从“至善”的道德理念出发，而是从现实的人性和社会生活的实际出发，来探讨最合乎人性的实际和社会生活发展的切实可行的道德伦理规范。这是顾炎武的道德伦理学说与宋明理学相区别的最显著的特征，是中国传统伦理学从道德理想主义向着经验主义或现实主义转型的一个重要标志。顾炎武的道德伦理思想具有以下几个重要的特点：

第一，他不像宋明道学家那样讲所谓“存天理，灭人欲”，而是肯定人们“私”和“欲”的存在都有其一定程度的合理性；不讲“饿死事极小，失节事极大”的道学说教，而是讲

“不能使天下无再适人之妇”和先王的“恤孤之仁”。

第二，他从现实的人性和社会生活的实际出发，对儒家传统的道德观作了一系列重要的修正。他反对“爱有差等”说，尤其反对将这一学说运用于社会公共生活所导致的庸俗关系学；反对孟子所说的“穷则独善其身”的观点，认为“穷而在下位者”亦有救世之责；他反对不切实际的空洞的道学说教，而只给人们预设了一个“行己有耻”的道德底线。他对中国人的“窝里斗”的劣根性尤为深恶痛绝，并由此而探讨社会生活的理性化之路。

第三，他反对朱熹所说的对“狂者”要加以裁抑的观点，认为“大凡高迈亢爽之人易于入道”，主张带有个性解放意味的豪杰精神。所有这一切，都是顾炎武的道德伦理思想中值得重视的近代性因素。

由于顾炎武特别注重社会实际的考察，因而对社会生活中的弊病有更为深刻的认识，从而能够在理论上对道德与经济发展、道德与政治制度的关系多创特解。这对于当今中国市场经济条件下的道德建设，依然具有不可忽视的借鉴意义。

对政治思想史的贡献

在政治思想方面，顾炎武的政治思想具有三大理论特色：

一是在批判历代统治者奉行的“宁赠友邦，勿与家奴”的反动政治哲学的基础上，确立起民族利益至高无上的政治原则。纵观三千年中国政治史，顾炎武发现，这种“宁赠友邦，勿与家奴”的反动政治哲学由来已久，它几乎成了三千年中国君主专制主义政治史的一大通病。于是，彻底揭露和清算这一反动政治哲学对于民族的危害，就成为顾炎武着重予以解决的一个重大历史课题。在这一方面，无论是黄宗羲还是王夫之，都没有像顾炎武这样花费大量的笔墨，它构成了顾炎武政治思想的一个最显著的特色。他的民族利益至上的爱国主义的政治思想，对于针砭以一家一姓、一党派之私利凌驾于民族利益之上的自私狭隘的阴暗心理和陈腐观念，唤起国人的爱国心，具有十分重要的意义。

二是不再从儒家的性善论出发讲“修齐治平”的传统政治哲学，而是从现实的人、尤其是从皇帝和官员们的“私”和“欲”的现实存在出发，来探讨有效防止政治腐败的理性化的制度建设之路。传统的政治思想要人们天真地相信，官员们只要加强道德修养，就可以只干好事而不干坏事，《大学》的所谓“三纲领”（亲民、明明德、止于至善）、“八条目”（格物、致知、诚意、正心、修身、齐家、治国、平天下），就是传统政治哲学的集中表述；而顾炎武的政治哲学则不同，他是从现实的人，尤其是从皇帝和官员们的“私”和“欲”的现实存在出发，来探讨有效防止政治腐败的理性化的制度建设之路，包括分权制衡、法制建设和“以名为治”的制度设置等方面。

三是确认每一个人的合理的私人利益，以此为前提来探讨如何“合天下之私以成天下之大公”的途径。除了基于帝王和官员们的“私”与“欲”而主张实行权力制衡的制度化建设以外，他还紧紧抓住了确保政治体制健全运作的另外两个关键的因素，即“选举”与“舆论”。“天下之才皆可由天下人举而荐之”的选举，被他看作人才兴国的一大要务；而“政教风俗苟非尽善即许庶人之议”的社会舆论监督作用，则被他看作弥补体制内的权力制衡之不足的又一种权力，是保证政治清明和国家长治久安的至关重要、不可或缺的因素。并且顾炎武将此二者也纳入了制度化建设的轨道，使之成为他政治思想的重要组成部分。

当然，他在进行这些新的理论探索的时候，没有抛弃传统政治哲学注重道德修养的合理因素，而是将其纳入他的新的理论框架之中。尽管他在解决上述问题的具体论述中仍不免带有“药方只贩古时丹”的托古改制的意味，但其思想的精髓和意义却从根本上超出了传统政治哲学的范畴，从而展示出中国传统政治近代转型的理性化方向。

对经济思想史的贡献

在经济思想方面，顾炎武的思想中也包含着丰富的近代性因素。主要表现在以下三大方面：

第一，他探讨了市场经济的发展规律，以及如何解决经济发展与阻碍经济发展的非经济因素的矛盾问题，提出了一系列适合市场经济发展规律的新见解。顾炎武基于对中国社会商品经济发展状况的考察，认识到“民享其利，将自为之，而不烦程督”的经济规律，从而鲜明地提出了“为天子为百姓之心，必不如其自为”的近代经济学命题。他认为，只有让人民“自为”，而不是让那些口称“为天子为百姓”的官员们来“程督”百姓们如何作为，才能最大限度地激发人们勤劳致富的积极性，促进经济的繁荣发展。他认为中国社会的商品经济之所以难以走上健康发展的轨道，主要就是因为各种非经济因素的破坏和干扰，这些非经济因素主要包括专制统治者对人民的超经济强制式的掠夺、对某些经济部门商品贸易的垄断，以及官商勾结、垄断市场等等，而最大的破坏性因素乃是政治腐败。其论说与马克斯·韦伯所说的儒家士大夫为维护其乱收费的特权而阻挠自由贸易的观点相比，可谓不谋而合。为了解决各种非经济因素与商品经济发展的矛盾，顾炎武提出了以下对策：一是保障私有财产，取消对民间工商业者实行横征暴敛的税收政策。二是整顿市场经济秩序，力主行政权力退出市场竞争。三是主张无地域限制的自由贸易，包括开放海禁，允许民间商人出海开展对外贸易活动。

第二，他探讨了在市场经济条件下国家对于经济发展所应发挥的作用。他认为在行政权力退出市场竞争以后，国家应从货币政策、税收政策和生产关系的调整等方面，来保障市场经济的健康发展。他主张实行统一而稳定的货币政策，主张赋税政策既要有利于促进商品经济的发展，又要考虑到东西部经济发展不平衡的状况，因时因地制宜。他主张调整不合时宜的生产关系，解决官田问题、生员问题、私租问题、奴婢问题，废除官本位特权以减轻农民负担，限制地主对农民的剥削，主张以雇佣劳动制度取代传统的蓄奴制度。

第三，他把发展经济看作解决中国社会的一切问题的根本途径，同时也要认识到保护自然生态环境的重要性。他主张要正确认识商品经济发展的二重性，确认经济发展的优先地位，反对以“道德”的名义阻碍和破坏商品经济发展。他认为贫穷乃是中国社会的最大忧患，一切社会问题的解决，最终都只能通过发展生产。因此，他十分注重经济发展问题的研究，把“生财之方”看作与用人行政同等重要的立国之本。主张开放矿禁，主张把手工业也看作“富国之本业”，主张通过发展农业、畜牧业和手工业来推进商品经济的发展。主张藏富于民，以“利尽山泽而不取诸民”为“富国之策”。此外，他还提出要正视中国大地上自然生态环境遭到严重破坏的现实，认为经济的发展必须以尊重自然规律、维护自然界的生态平衡为前提。

对文艺思想史的贡献

在文学思想方面，顾炎武继承了晚明“性灵派”的创作理论，特别是关于诗歌要表现真性情的观点，批评宋明理学家“以理为宗，不得诗人之趣”，强调“诗本乎情”“诗主性情”，从理论上进一步揭示了诗歌的“情感—审美”本质。他以历史主义的观点去看待诗文体裁的演变，认为一代有一代之诗文，反对“取古人之陈言一一而摹仿之”，主张文学应表现个人的独特的思想见识，以及作为一个独一无二的个体的创作风格和个性特征；他对文学的历史发展过程中“似”（继承）与“不似”（创新）的辩证关系所作的深刻论述，既充分地强调了人们的创造性的发挥，又克服了晚明学者只讲创新而忽视继承性的弊病。他反对专制统治者以所谓“定格”来束缚文人学者的思想和才华，呼唤不拘一格的“俊异之才”；他特别重视文人的社会使命和责任，强调“士当以器识为先”和“文须有益于天下”；他继承了中国古代文学的现实主义传统，高扬“《十月之交》诗人之义”，提倡文学的社会批判精神；他所提出的“立言不为一时”的主张，更是近世学者大力提倡的“独立之人格，自由之思想”的先声。

二、历史命运

顾炎武在世时的影响

顾炎武在世时是寂寞的。他在晚年写给友人的信中说：“吾辈学术，世人多所不达，一二稍知文字者，则又自媿（愧）其不如。不达则疑，不如则忌，以故平日所作，不甚传之人间。然老矣，终当删定一本，择友人中可与者付之尔。”

但是，顾炎武的思想和学术成就在他身前就已受到仁人志士们的高度推崇。他的学生潘耒在《顾亭林先生六十寿序》中说：“当天地闭塞之时，而有特立不惧、遁世无闷之君子，霰雪集而不凋者，松柏之所以待春也。风雨晦而不熄者，膏火之所以待晨也。是可以答天心矣。……先生之得于天者独厚，故天特重困之而又曲全之，使不踬不颠，为剥而不尽之阳，以待七日之来复也。”在这段话中，潘耒运用《易经》中剥、复二卦的原理，把顾炎武比作“剥”之极而犹存的“一阳”，犹如在冰雪冱寒的严冬而不凋谢的松柏，在风雨如晦的黑夜中而不熄灭的火炬；同时，这“一阳”又是春天和光明行将到来的征兆：“剥”极必“复”，而“一阳来复”之日，即是春天和光明到来之时。这一比喻是极为意味深长的。潘耒可以说最能得其师之真传。他在《〈日知录〉序》中写道：“有通儒之学，有俗儒之学。学者，将以明体适用也。综贯百家，上下千载，详考其得失之故，而断之于心，笔之于书，朝章国典，民风土俗，元元本本，无不洞悉，其术足以匡时，其言足以救世，是谓通儒之学。”“天下无贤不肖，皆知先生为通儒也。”“异日有整顿民物之责者，读是书而憬然觉悟，采用其说，见诸施行，于世道人心实非小补。如第以考据之精详，文辞之博辨，叹服而称述焉，则非先生所以著此书之意也。”

与顾炎武并世的著名学者阎若璩则充分肯定了顾炎武的学术地位。他在《南雷黄氏哀辞》一文中说：“吾从海内读书者游，上下五百年，纵横一万里，仅仅得三人焉，曰钱牧斋宗伯也，顾亭林处士（顾炎武）及黄南雷（黄宗羲）而三。”顾炎武被称为与钱谦益、黄宗羲齐名的“海内三大读书种子”。这一论断亦表现了他的不同凡俗的学术眼光。

与阎若璩齐名的著名学者胡渭亦深受顾炎武学术思想的影响。在《易图明辨》卷十中，他摘录了顾炎武《日知录》中关于卜筮的十段论说，认为顾炎武的论说“可以箴宋人之膏肓”。他批评了朱熹以《周易》为占筮之书的观点，反对把《周易》用来算命卜卦的传统迷信。指出：“卜筮之事，非君子所常有也。善当为，恶不可为，乃心自明，何必筮？……圣人岂专为卜筮而著一书，使天下后世之人日日端策拂龟，听命于鬼神而不务民义也哉？”他认为用《周易》来占卜个人的吉凶祸福乃是邪门歪道，而从《周易》中发挥义理才是正道，所以他坚决反对《晋书》及历来儒者对何（晏）、王（弼）的攻击，肯定王弼“所注《易》，各依彖爻以立解，间有涉于老庄者，亦千百之一二，未尝以文王、周公、孔子之辞为不足贵而糟粕视之也”。这一观点，既是针对宋儒对《易》的批评，也是对包括顾炎武在内的很多学者以何晏、王弼为老庄道家的观点的修正。后来钱大昕又通过对何晏奏疏及其《论语注》的研究，认为何晏有“大儒之风”，明显属于儒家而非道家，从而弥补了胡渭仅据王弼《易》说立论的不足。

还需注意的是，顾炎武的外甥徐乾学曾在与康熙皇帝的对策中，将顾炎武关于赋税政策的思想提供给康熙皇帝。在徐乾学的《憺园文集》卷三十六《题舅氏亭林先生钱粮论后》一文中，有这样一条记载：“昨岁对策，谓须公忠强干之臣，权万物之有无，计百姓之赢绌，而为之变通，盖实本于先生之论。呜呼！今日司国计者不可不三复斯篇也。”这是目前可见的顾炎武思想对清代政治发生比较直接影响的唯一证据。

顾炎武对清代学术的影响

顾炎武以其在学术领域的艰辛探索和卓越建树，而成为清代朴学的开创者，成为扭转学术风气的一代思想大师。他提出了“经学即理学”的观点，昭示了宋明道学以后中国学术的新方向。他提出了“读九经自考文始，考文自知音始”的命题，确立了由音韵训诂以通经义的朴学宗旨；他提出了“采铜于山”的方法论原则，开创了以金石铭文等文物资料与文献资料相互印证的研究方法（即后人所谓“二重证据法”），开创了不尚空谈、注重实证的一代新学风。他还为清代学术的发展建立了一整套完备的学术规范：一是治学当从第一手资料出发，而不是从第二手、三手的资料出发；二是凡著书，要著前人所没有著过、且为后世所不可缺少的书，著自成一家之言的书；三是凡立论必有充分的证据，在证据不充分时，应当阙疑，不可据于孤证以立论；四是不可改窜前人之书或窃他人之书为己作；五是凡引述前人的言论，应当引述其原文，注明前人姓名及引文出处，即使是得之于同时代学者的言谈，也当予以说明。这些学术规范体现着求真的要求，也体现着善的道德准则，因而对于学者人格的陶冶也发挥着重要的作用。

乾隆年间，清政府为了巩固其意识形态统治，接连不断地兴文字狱，同时大肆查禁有所谓“违碍之语”的书籍。顾炎武的著作也难逃这一厄运。在《军机处奏准抽毁书目》中，《亭林文集》和《亭林诗集》都因“有偏谬词句”被列为“应行销毁”的书目。作为顾炎武最重要的著作《日知录》，也在部分抽毁之列，其中有的条目如《素夷狄而行乎夷狄》条、《胡服》条、《纳女》条等被全部抽毁，有的条目如《古文未正之隐》条被删得只剩下一句话，一些为清廷所忌讳的文字则被篡改。官修的《四库全书总目》虽然对顾炎武的考据学成就给予了高度的肯定，但对其思想却肆意予以抹杀和贬低。《四库全书总目》评论《日知录》说：“炎武生于明末，喜谈经世之务。激于时事，慨然以复古为志。其说或迂而难行，或愎而过锐。”“潘耒作是书序，乃盛称其经济，而以考据精详为末务，殆非笃论。”这种对顾炎武思想全盘否定的态度，反映了黑暗腐败的清朝政府拒绝一切政治经济改革的顽固立场。

然而，对于民间学者和一部分开明的士大夫来说，顾炎武的《日知录》却是一部为他们所心仪的经典之作。据黄汝成《〈日知录〉集释·叙》所开列的名单，从康熙中期至道光以前，为《日知录》作注疏的学者有九十四家之多。其中包括潘耒、王锡阐、梅文鼎、张尔岐、陆世仪、唐甄、魏禧、朱彝尊、陆陇其、徐乾学、李光地、方苞、惠士奇、惠栋、沈彤、顾栋高、曹一士、陈兆伦、全祖望、江永、戴震、卢文弨、王鸣盛、赵翼、钱大昕、钱大昭、姚鼐、阮元、汪中、刘台拱、洪亮吉、孙星衍、臧琳、方东树、刘逢禄、魏源等九十余人，几乎囊括了道光以前（含道光年间）各学术流派的所有最著名的学者。对于《日知录》的研究，“几无异汉唐时诸经史训解，为专门学也”。尽管各家各派的学者推崇《日知录》的视角及观点并不完全一致，但都把它看作学者必读的一部重要著作。

全祖望作《顾亭林先生神道表》，对顾炎武仅仅被统治者推以“多闻博学”深为不满，其篇末引王高士不庵的话来作总结：“宁人身负沉痛，思大揭其亲之志于天下。奔走流离，老而无子。其幽隐莫发数十年靡诉之衷，曾不能快然一吐。而使后起少年，推以多闻博学，其辱已甚。安得不掉首故乡，甘于客死？噫！可痛也！”全祖望慨叹世之读顾炎武之书者虽多，“而能言其大节者已罕”。他认为顾炎武的经世之学更有粹儒气象，非永康、永嘉之学所能比拟。

王鸣盛、赵翼、钱大昕都继承了顾炎武关于“引古筹今，亦吾儒经世之大用”的史学思想。中国传统学术只讲义理、考据、辞章三大部类，而王鸣盛则特为增加了“经济之学”即经邦济世之学一门；从注重“经济”的观点出发，他强调：“学问之道，当观其会通。知今不知古，俗儒之陋也；知古不知今，迂儒之癖也。心存稽古，用乃随时，并行而不相悖，是谓通儒。”他认为历史学家胸中要有“经国养民之远图”，关心民生疾苦、国计利害。这表明，王鸣盛在倡导以求真为史学研究的根本宗旨的同时，并没有忘记史学经世致用的社会功能。赵翼在《廿二史札记小引》中说：“至古今风会之递变，政事之屡更，有关于治乱兴衰之故者，亦随所见附著之。……或以此比顾亭林《日知录》，谓身虽不仕，而其言有可用者，则吾岂敢。”这是赵翼以自谦的方式明确表达的注重经世致用的思想。

钱大昕亦宣称："儒者之学，在乎明体以致用。"为达此目的，他主张以豪杰精神治学，大声疾呼："能为于举世不为之日者，其人必豪杰之士也！"

皖派学者程瑶田《肇域志》卷首说："亭林先生之学，有体有用。观其集中论生员郡县诸篇，洞悉时务，盖通经足用之才也。惜乎以胜国诸生、皤皤遗老，隐居没世已耳。使其人用佐王者以致太平，绰乎其有余裕，即出而旬宣四国，以经术饰吏事，安知今之必异于古所云也。……余观顾祖禹《方舆纪要》，每方必有专序，大致言其形胜、扼塞，论宜都、宜据、宜守及用兵制敌得失之故。而是书之言疆域建制，殆与《方舆纪要》相表里，至于体国经野、理财治安之道，至纤至悉，详其沿革，陈其利害，亦经世之宝书也。"

扬州学派的学者汪中《述学・别录・与巡抚毕侍郎书》说："中少日问学，实私淑顾宁人处士，故尝推之'六经'之旨，以合于世用。及为考古之学，惟实事求是，不尚墨守。"又《述学・别录・与朱武曹书》说："中尝有志于用世，而耻为无用之学，故于古今制度沿革，民生利病之事，皆博问而切究之，以待一日之遇。下至百工小道，学一术以自托。平日则自食其力，而可以养其廉耻，即有饥馑流散之患，亦足以卫其生。何苦耗心劳力，饰虚词以求悦世人哉？"

扬州学派的学者阮元在经史考据方面对顾炎武极表推崇。阮元编《皇清经解》，把顾炎武的《左传杜解补正》列于全书之首。同时，阮元还赞扬顾炎武"志趣远大"，有"经世之具"。不过，即使像阮元这样的封疆大吏，在表彰顾炎武的时候，也不得不先说一番官样话。他在《顾亭林先生肇域志跋》一文中，先说自己不同意那种认为顾炎武"经济胜于经史"的观点，理由是："天下政治，随时措宜；史志县志，可变通而不可拘泥。观《日知录》所论，已有矫枉过中之处。若其见于设施，果百利而无一弊与？《四库全书提要》论亭林之学，经史为长。此至论，未可为腐儒道。”只是在表明他认同朝廷的说法以后，才接着写道：“此《肇域志》稿本，未成之书，其志愿所规划者甚大，而《方舆纪要》实已括之。亭林生长离乱，奔走戎马，阅书数万卷，手不辍录，观此帙密行细书，无一笔率略，始叹古人精力过人，志趣远大，世之习科条而无学术，守章句而无经世之具者，皆未足可与于此也。”仔细品味阮元的以上论说，其主旨已不在于批评顾炎武“矫枉过中”，而在于提倡学者要有“经世之具”了。

当然，也有人批评顾炎武。乾嘉年间，有一位署名“空空主人”的人写了一部题为《岂有此理》的书，于嘉庆四年(1799)刊刻问世。该书第一篇文章就叫《难“天下兴亡，匹夫有责”》，开篇就说：“亭林先生曰：‘天下兴亡，匹夫有责。’时以为至论。遂有志士蹈火而不顾，仁人殒身而不恤。然则世事之可为者，果如斯言哉？余以为不然。”他把顾炎武所说的“保天下者，匹夫之贱，与有责焉耳矣”这句话概括为“天下兴亡，匹夫有责”八个字，并对这一观点提出批评。他说：“以今日世事观之，所谓天下者，君者一人之天下也，非天下人之天下也。天下兴，则君主一人获其利；天下亡，则君主一人罹其难，黎庶无与焉。”进而引证黄宗羲《明夷待访录》中所论述的“君为天下之大害”的观点，叹为至言，并加以发挥，指出：“天下之亡，则匹夫弃妻子背乡井，为一人博莫大之产业而肝脑涂地；天下之兴，则匹夫得地而耕，养妻生子，为一人之产业孳产花息也。”然后就对顾炎武大加鞭挞：“呜呼！亭林终生博古通今，遍历九州，何陋至此？真所谓‘规规小儒’，置众人万姓崩溃之血肉，曾不异乎腐鼠也。”“天下兴亡，匹夫何利？匹夫何害？所谓‘责’者，君者役匹夫之托耳。悲夫，小儒规规，掩耳盗铃。”这是目前所能看到的对顾炎武批评最为严厉的一篇文章，也许又是唯一对“天下兴亡，匹夫有责”说提出批评的一篇文章。该书因引证禁书《明夷待访录》和激烈抨击君主专制而很快遭到查禁；道光初年再次刊行后，又再次遭到查禁。“空空主人”在乾嘉年间专制统治空前严酷的情况下，敢于批判皇权，弘扬黄宗羲的学说，固然值得肯定，但其对顾炎武的批评却未免蔽于一曲。首先是没有正确理解顾炎武所说的“天下”的特定内涵，其次是没有考虑到顾炎武提出“天下兴亡，匹夫有责”的具体历史条件，也没有注意到顾炎武与黄宗羲同样具有批判皇权专制主义的思想和言论。顾炎武是在以清代明、汉族人民进行民族保卫战争和反对民族奴役和压迫的历史背景下提出这一学说的，当时社会的主要矛盾是民族矛盾，而人民大众与皇权专制主义的矛盾则退居相对次要的地位，顾炎武倡导“天下兴亡，匹夫有责”的目的正在于唤起人民反对民族奴役和压迫、争取民族解放和复兴的爱国心，这又有什么可非议的呢？顾炎武提倡的爱国，也绝不是鲁迅所批评的那种“做自己人的奴隶比做外人的奴隶要好”的所谓“爱国主义”。黄宗羲对皇权专制主义的批判，顾炎武是基本赞成的；而正是着眼于解决“君主一人之天下”与“天下人之天下”的矛盾，顾炎武提出了“合众人之私以成天下之大公”的学说。“空空主人”为什么就没有看到这一点呢？由此可见，其扬黄而抑顾的观点显然不够全面，且缺乏一种历史的眼光。

道光五年（1825），江苏布政使贺长龄从“足备经济，关于实用”的思路出发，倡议编撰《皇朝经世文编》，延请魏源专司其职，次年十一月编成。该书选录顾炎武的著述达 97 篇之多，居全书 654 位作者的首位。其中学术类 10 篇，治体类 9 篇，吏政类 20 篇，户政类 19 篇，礼政类 31 篇，兵政类 7 篇，工政类 1 篇。文章的出处，选自《亭林文集》的 22 篇，选自

《日知录》的74篇，选自《菰中随笔》的1篇。该书《姓名总目》介绍作者简况时，亦以顾炎武居首位。道光二十三年，张穆在其《顾亭林先生年谱》自序中说：“本朝学业之盛，亭林先生实牖之，而洞古今，明治要，学识赅贯，卒无能及先生之大者。”

晚清著名学者俞樾、李慈铭、朱一新都充分肯定顾炎武学说的经世致用的精神，批评仅仅把顾炎武看作清代汉学之祖的观点的片面性。俞樾说：“有明一代，学术衰息，不如唐宋远甚。及其季也，亭林先生崛起，源本经术，而发为经世之学，遂卓然为一大儒。近世学者，徒见其《杜解补正》诸书，为阮文达采列《皇清经解》之首，遂奉亭林为我朝治汉学之先河，而不知此未足以尽亭林也。”俞樾还撰有《日知录小笺》一书，有《春在堂全书》本。李慈铭在《越缦堂读书记》中更在评论《日知录》时点名批评了阮元的貌似持中的说法。他说：“顾氏此书自谓平生之志与业尽在其中，则其意自不在区区考订。世人谓其经济胜于经史，盖非虚言。而阮文达据《四库提要》所论，以为矫枉过中，未可为腐儒道，则余甘受腐儒之讥矣。尝谓此三十二卷中，直括得一部《文献通考》，而俱能自出于《通考》之外，后儒考古愈精，遂掎摭之，以为疏舛，岂知先生者哉。”

清末著名学者朱一新也对仅仅把顾炎武看作考据学家的观点提出了批评。他在《无邪堂答问》卷五《答朱永观问亭林张氏二陆为学》一文中说，亭林“敦尚风节与夏峰同，论学颇重事功，略与永嘉相通。生平史学深于经学，而刚介之节得诸孟子者犹多。其书沾溉艺林，为功甚大。但持论间有[illegible]疏偏激处，读者亦不可不知。后来汉学家重其书，但取其能考订耳。此则叶公之好龙，郑人之买椟”。在朱一新看来，对于顾炎武的学说，只取其能考订，而看不到其经世之学，乃是买椟还珠的愚蠢行为。但朱一新从他的相对保守的政治立场出发，认为顾炎武持论有偏激之处。他又把黄宗羲与顾炎武相比较，认为黄宗羲的学问比顾炎武要大一些，但思想也比顾炎武更偏激："梨洲淹洽，犹在亭林之上，心得处亦过之，而偏激殆有甚焉。"朱一新对顾炎武之所谓"持论偏激"的批评，恰恰从反面证明了顾炎武的思想所具有的进步意义。

顾炎武所倡导的史学研究的实证主义方法为王国维所继承。王国维把顾炎武以金石铭文等文物资料与文献资料相互印证的研究方法概括为"二重证据法"，将这一方法运用于殷商古史的研究，取得了举世瞩目的成就。正如侯外庐先生在《中国思想通史》第五卷中所指出："只有王国维才是最后继承炎武的人"，"从炎武到王国维是近代中国学术的宝贵遗产"。顾炎武的实证主义史学方法与西方近代实证主义史学方法的会通融合，使中国传统史学的近代转型进入了一个新的阶段。

顾炎武思想对近代改革运动的影响

顾炎武的学说在晚清社会改革运动中发挥了重要的作用。

早期改良派学者冯桂芬、郭嵩焘等人都深受顾炎武思想的影响。冯桂芬在《校邠庐抗议》一书中多次引证顾炎武的论述来阐明自己的改革主张。在《变科举议》一文中，他说："顾氏炎武谓科场之法欲其难，不欲其易，诚哉斯言!"并对顾炎武的这一观点作了比较详尽的阐述；在《复乡职议》一文中，他引证了顾炎武关于"大官多者其世衰，小官多者其世盛"的观点；在《复宗法议》一文中，他引证了顾炎武关于"庶民安，故财用足"，"收族之法行，而岁时有合食之恩，吉凶有通财之义"等观点。当然，他在《采西学议》一文中又不无惋惜地指出："顾氏炎武不知西海，夫西洋即西海，彼时已习于人口，《职方外记》等书已入中国，顾氏或未见，或见而不信，皆未可知。”这段话说明，冯桂芬当时还无缘读到顾炎武的《天下郡国利病书》，不知道顾炎武在这部巨著中曾经畅论西洋火炮制造之术和明末中国沿海居民与西洋商人的贸易往来。郭嵩焘亦继承了顾炎武对宋明理学的批判，并以顾炎武为效法的楷模。他在《复方子听》一文中说：“所著《绥边徵实》，以贬南宋以来士大夫习为虚词，而数千年是非得失、利病治乱之实迹，遂无知者。物穷则变，变则通。朝廷无人，则草野著书者之事。事有成败，理有得失，不相掩也。今天下能辨此者，舍我而谁哉？亭林大儒，岂能方比。要以一事之特见，即为大儒之言，不必尽从。”文中所云“亭林大儒，岂能方比”乃郭嵩焘之谦辞；但从他在以上论述中所阐明的观点来看，他对顾炎武思想的精神实质是有很深刻的把握的。

梁启超在《清代学术概论》《中国近三百年学术史》等著作中，对顾炎武等人的学说在晚清社会改革运动中的作用作了高度的评价。他说，清初几位大师提倡的经世致用之学“能令学者对二百多年的汉宋门户得一种解放，大胆的独求其是。他们曾痛论八股科举之汩没人才，到这时候读起来觉得句句亲切有味，引起一班人要和这件束缚思想、锢蚀人心的恶制度拼命。他们反抗满洲的壮烈行动和言论，到这时因为在满洲朝廷上丢尽了中国人的脸，国人正要推勘他的责任，读了先辈的书，蓦地把二百年麻木过去的民族意识觉醒转来。他们有些人曾对于君主专制暴威作大胆的批评，到这时拿外国政体来比较一番，觉得句句都餍心切理，因此从事于推翻几千年旧体制的猛烈运动。总而言之，最近三十年思想界之变迁，虽波澜一日比一日壮阔，内容一日比一日复杂，而最初的原动力，我敢用一句话来包举他，是残明遗献思想之复活”。

谭嗣同、梁启超等人在阐述自己的改革主张时，都经常引证顾炎武的观点。谭嗣同在阐述关于改革科举制度的主张时就指出："顾亭林悼八股之祸，谓不减于秦之坑儒。愚谓凡不依于实事，即不得为儒术，即为坑儒之坑。"梁启超在戊戌维新失败后逃到日本，取顾炎武提倡"清议"之遗意而创办《清议报》，以"维持支那之清议，激发国民之正气"为该报宗旨之一。为了唤起中国知识分子的爱国心，他反复宣传顾炎武关于"天下兴亡，匹夫有责"的思想。人们通常说，有什么样的民众就有什么样的政府；梁启超进一步认为，有什么样的知识分子就有什么样的政府；执掌所有政府部门权力的人，无不来自知识分子阶层；而中国政治之所以腐败黑暗，就在于知识分子的素质太低。因此，如欲雪国耻，"其在我辈之自新，我辈革面，然后国事始有所寄。……欲尽人而自新，云胡可致。我勿问他人，问我自己。斯乃顾亭林之所谓天下兴亡匹夫有责也"。20世纪20年代，梁启超更在《清代学术概论》和《中国近三百年学术史》两部著作中，给予顾炎武的思想以极高的评价。他充分肯定顾炎武对宋明理学的批评和"经学即理学"说的思想解放意义。他指出，宋、元、明以来谈理学者，"宁得罪孔、孟，不敢议周、程、张、邵、朱、陆、王。有议之者，几如在专制君主治下犯'大不敬'律也。而所谓理学家者，盖俨然成一最尊贵之学阀而怒视群学。自炎武此说出，而此学阀之神圣，忽为革命军所粉碎，此实四五百年来思想界之一大解放也"。他认为，顾炎武"对于旧思想之解放，最为彻底"，"最近数十年以经术而影响于政体，亦远绍炎武之精神也"。

被梁启超称为"近代输入欧化之第一人"的严复，对顾炎武的思想亦有相当深的研究。严复最重视顾炎武提出的"合天下之私以成天下之公"的思想，他认为这在本质上是与西欧近代民主政治的理念相通的。他说："西之教平等，故以公治众而贵自由"，又说西方人之所以"若有深私至爱于其国"，就在于国家的法律是人民制定的，官员是民选的，国家保障公民的民主自由权利，国家利益实际上是每一个公民的私人利益的体现。因此，人民给国家纳税，无异于自营其田宅；趋死以杀敌，无异于自卫其家室；这就是西方人谈起他们的国家“若有无穷之爱”的根本原因。有鉴于此，严复在《原强修订稿》中主张以顾炎武“合天下之私以为公”的思想来改革中国的政治制度。他说：“居今之日，欲进吾民之德，于以同心合志，联一气而御外仇，则非有道焉使各私中国不可也。顾处士曰：‘民不能无私也，圣人之制治也，在合天下之私以为公。’然则使各私中国奈何？曰：设议院于京师，而令天下郡县各公举其守宰。是道也，欲民之忠爱必由此，欲教化之兴必由此，欲地利之尽必由此，欲道路之辟、商务之兴必由此，欲民各束身自好而争濯磨于善必由此。呜呼！圣人复起，不易吾言矣！”

顾炎武的思想也深刻地影响了资产阶级革命派的学者。资产阶级革命派的杰出代表人物章炳麟改名绛，号“太炎”，明确表明他是顾炎武学说及其遗志的继承者。章太炎对宋明理学和顾炎武的学说都有很深入的研究。在章太炎看来，程朱理学看上去特别强调道德，其实乃是乡愿之学，程颐、朱熹不过是“乡愿之秀”而已，“盖程朱之学修之于家为有余，施于有政则少儒也”。顾炎武的学说则不同，他特别强调知耻、重厚、耿介，与程朱理学本质上的乡愿风格有着明显的区别。1906 年 10 月 8 日，章太炎发表《革命的道德》一文，把顾炎武的道德学说作为医治中国社会道德沦丧之弊病、把革命党人从道德堕落中拯救出来的唯一良药。他在分析了中国社会十六种职业的人们的道德状况以及革命党人内部道德堕落的情形后写道：“道德堕废者，革命不成之原。”但在当时的情况下，完全以道德理想主义的精神来要求革命党人，也必至无效，只能提倡一种最低限度的道德，于是他找到了顾炎武的学说。他说：“昔顾宁人以东胡僭乱，神州陆沈（沉），慨然于道德之亡，而著之

《日知录》曰：有亡国，有亡天下，……保天下者，匹夫之贱，与有责焉耳矣。”他在全文引证了顾炎武的以上一大段话以后，指出：“余深有味其言，匹夫有责之说，今人以为常谈，不悟其所重者，乃在保持道德，而非政治经济之云云。吾以为天地屯蒙之世，求欲居贤善俗，舍宁人之法无由！吾虽凉德，窃比于我职方员外。录其三事，以与同志相切厉，则道德其有瘳乎？”章太炎以顾炎武（“职方员外”）自比，引述顾炎武的道德学说来与同志共勉，其主要内容是：一曰知耻，二曰重厚，三曰耿介。在引述了顾炎武的以上论说后，章太炎感叹地写道：“呜呼！如吾宁人之说，举第一事，则矜欧语者可以戒矣；举第二事，则好修饰者可以戒矣；举第三事，则喜标榜者可以戒矣。必去浮华之习，而后可偕之大道，……值大事之阽危，则能悍然独往，以为生民请命。若于此三者犹未伏除，则必不能忘情于名利，名利之心不忘，而望其敌忾致果，舍命不渝，又可得乎？”最后，章太炎在顾炎武所说的知耻、重厚、耿介三条之外还加了一条，就是“必信”，即“重然诺”。章太炎认为，这也是身为革命党人不可缺少的基本道德素质。资产阶级革命派中的国粹派学者邓实在《国粹学报》上发表了《顾亭林学说》一文，系统阐说顾炎武的思想。资产阶级革命派对顾炎武学说的宣传，在青年中产生了极大的影响。熊十力先生说，他就是因为读了王夫之、顾炎武等人的著作才参加辛亥革命的：“读船山、亭林诸老先生书，已有革命之志，遂不事科举，而投武昌凯字营当一小兵，谋运动军队。”

值得注意的是，在晚清中国社会的改革思潮日益高涨的形势下，清朝政府内部也在讨论是否将顾炎武等人从祀孔庙的问题。所谓“清初三大儒”本来是指黄宗羲、孙奇逢、李颙三人，但到了同治光绪之际，在一部分开明士大夫的心目中，“清初三大儒”已经变成了顾炎武、黄宗羲、王夫之三人了。

光绪十一年（1885），开明士大夫陈宝琛上疏，请以顾炎武、黄宗羲二人从祀文庙，但遭到朝廷中其他大臣的反对，光绪皇帝的答复是毋庸从祀文庙，只准入乡贤祠。此后，又有一些开明士大夫多次奏请，但都未获批准。光绪三十四年，言官又再次奏请以国初三大儒顾炎武、黄宗羲、王夫之从祀文庙，礼部认为顾炎武可准予从祀，但黄宗羲、王夫之的著作语多偏激，应慎之又慎，再三考虑。经过一番争论，最后还是以光绪皇帝的名义下诏，准予将顾、黄、王三人一律从祀文庙。如果说当年陈宝琛等人上疏请将顾炎武等人从祀文庙还是体制内的改革派的呼声的话，那么，到清政府行将灭亡的前三年才准许顾、黄、王三人从祀文庙，也就只是清政府借以笼络人心的一种政治手段了。

辛亥革命后，中国出现了一股主张地方自治的政治思潮。在这一思潮中，熊十力先生试图对顾炎武"寓封建于郡县之中"的政治思想作适乎新的历史条件的创造性的转化。他说："帝制与郡县制，亦相互为缘。明季亭林、船山，似皆见及此。……亭林欲寓封建于郡县。在闭关时代，此等议论正未可忽。今世界大通，政体已更，顾王之论，若不适宜。然缩小省区，与联省自治二种主张，则犹有顾王遗意。如何变通尽利，所望国人留意。"

在20世纪中国人民反对外来侵略、维护民族独立的斗争中，顾炎武所倡导的"天下兴亡，匹夫有责"的民族使命感和责任感，依然发挥着巨大而恒久的激励作用。特别是在中国人民反抗日本军国主义侵略的年代里，"天下兴亡，匹夫有责"乃是动员全民抗战的最为响亮的口号。直到今天，"天下兴亡，匹夫有责"仍是海内外华人教育界实施人文教育的重要内容之一，是推进中华民族伟大复兴的精神力量。

附　录

年　谱

1613 年 7 月 15 日（明神宗万历四十一年五月二十八日）　顾炎武生。

1622 年（天启二年）　读《孙子》《吴子》等古代兵书及《左传》《国语》《战国策》《史记》等书。

1623 年（天启三年）　读《资治通鉴》。

1626 年（天启六年）　考入昆山县学。

1627 年（天启七年）　读邸报，关心时事朝政。

1629 年（崇祯二年）　复社召开了尹山大会，顾炎武与好友归庄一起参加复社。

1635 年（崇祯八年）　因应付科举考试需要，“独好五经及宋人性理书”，继嗣祖父顾绍芾教导他：“士当求实学，凡天文、地理、兵农、水土，及一代典章之故不可不熟究。”

1639 年（崇祯十二年）　参加科举考试落榜，正式开始从事经世致用之学的研究。

1644 年（崇祯十七年）　三月十九日，李自成率农民军攻陷北京，明思宗朱由检在煤山自缢身亡，顾炎武作《大行哀诗》。四月，吴三桂引清军入关，清朝定都北京，以是年为清顺治元年。五月，南明弘光朝廷在南京建立，十二月，顾炎武被授予兵部主事之职，作《军制论》《形势论》《田功论》《钱法论》。

1645 年（清顺治二年）　春，赴南京兵部就职。未及上任，清军下江南，在苏州从军抗清，参加昆山保卫战。闰六月二十七日，明唐王朱聿键即帝位于福州，遥授顾炎武兵部职方司主事职务。七月十四日，清军攻陷常熟。嗣母王氏闻讯，绝食而死，临终前嘱咐顾炎武“毋为异国臣子”。

1646~1647年（顺治三年至四年） 继续从事抗清斗争。在此期间，好友吴昜、陈子龙、杨廷枢，族叔顾咸正等先后壮烈殉国。

1648~1657年（顺治五年至十四年） 主要活动于以南京为中心、东到太湖、北到淮安的广大地区，先后化名蒋山佣、顾圭年、王伯齐、顾佣等，号称“鹰扬弟子”，以商贾为业，结交豪杰之士，从事秘密反清活动，并参加了江南遗民组织的惊隐诗社。

1655年（顺治十二年） 五月，回昆山，得知家奴陆恩与汉奸恶霸地主叶方恒相勾结、企图谋害江南抗清人士之事，愤然将陆恩处死。事后被捕，经归庄、路泽溥等设法营救，被判“杀有罪奴”，遭杖刑后释放。同年在南京太平门外遭叶方恒派遣的刺客伏击，受伤坠驴后获救。

1657年（顺治十四年） 元旦，在南京拜谒明孝陵。秋，告别故乡友人，踏上北游之路。到达山东掖县，住当年山东复社领袖赵士哲家。复至即墨，住当年明朝锦衣卫都指挥使黄培家中，主持刊刻出版《天启崇祯两朝遗诗》。至济南，结识张尔岐。

1658年（顺治十五年） 春，登泰山，谒曲阜孔庙、邹县周公庙、孟子庙。抵邹平，结识学者马骕。秋，北上幽燕，首次到北京，有《京师作》诗一首。随后出京，至永平，登孤竹山，谒夷齐庙，作诗以言志。

1659年（顺治十六年） 春，自永平出山海关，复返永平，往昌黎，作《拽梯郎君祠记》，表彰抗清志士。是年，作《营平二州史事》六卷。谒十三陵，考察戚继光总镇府所在地三屯营及居庸关一带地理形势。返山东，闻郑成功与张煌言再次联师北伐，立即整装南下。至扬州，闻郑成功兵败南京城下，又踏上北上之路。

1660年（顺治十七年） 春，再次去昌平拜谒十三陵。秋，回南京，拜谒明孝陵，诗中有“春谒长陵秋孝陵”之句。

1661年（顺治十八年） 正月，回吴门，访好友吴炎、潘柽章等。渡钱塘，谒绍兴大禹陵；上会稽山，凭吊南宋六陵；为余姚吕章成作《吕氏千字文序》。六月，江南奏销案起，苏、松、常、镇四府135017名士绅以“抗粮”的罪名被捕，遭枷号鞭打；七月，清江宁巡抚朱国治处决包括哭庙案在内的所谓“江南十案”的案犯金圣叹等121人。秋，渡江北上，再赴山东。

1662 年（康熙元年）　春，自山东北上，又至昌平，在昌平道上写下“远路不须愁日暮，老年终自望河清”的诗句。三月十九日，第三次谒思陵，撰文纪念崇祯皇帝殉难十八周年。闻南明永历帝于四月十五日被清军绞杀于昆明。十月，西登太行，过井陉，至太原。《肇域志》于此时成书。结识傅山、李因笃，巧遇阔别十年的好友、遗民诗人申涵光。

1663 年（康熙二年）　庄廷鑨《明史》案发，好友吴炎、潘柽章等十八人被凌迟处死于杭州弼教坊，二百余人同时被斩首。遥祭吴炎、潘柽章于汾州旅舍。秋，入潼关，登华山，至华阴，结识王弘撰。复至西安，访李因笃于富平明月山下。十月初一，访李颙于盩厔。寻访到朱元璋的第二个儿子朱樉的九世孙朱存杠，此人已改姓名为杨谦。

1664 年（康熙三年）　正月初五日，游汉武帝所立之后土祠，作《后土祠》诗，呼唤“雄才应有作，洒翰续《秋风》”。复至汾州及绛州，自大同到西口，于七月进京，谒十三陵。南下山东德州，造访当年的复社志士钱谦益和柳如是的好友程先贞。

1665 年（康熙四年）　再至德州、济南，置田地十顷于章丘大桑家庄。去河南辉县访孙奇逢，因孙奇逢遭遇《甲申大难录》“文字狱”案被捕而造访未果。

1666 年（康熙五年）　夏，至太原，结识朱彝尊、屈大均。与傅山、李因笃、朱彝尊等二十余人集资垦荒于雁门关之北，亲为筹划经营。相传顾炎武在山西时曾与傅山共同创立山西票号，一切组织规则都是顾炎武制定。

1667 年（康熙六年）　《音学五书》由友人张力臣刊刻于淮上。作《与友人论学书》，提出“博学于文，行己有耻”的为学宗旨。

1668 年（康熙七年）　正月三十日，山东抚院开审《启祯集》案，顾炎武遭通缉。为避免“起大狱以祸天下”的后果，顾炎武前往济南府与清廷斗智斗勇，从三月入狱到九月出狱，度过了七个月零五天“每日以数文烧饼度活”的生活。经友人的多方营救，被保释出狱。

1669 年（康熙八年）　四月一日，好友黄培等因“十四人逆诗案”在济南被杀害。亡友潘柽章的弟弟潘耒从江南来，收为弟子。

1671 年（康熙十年）　三月，方以智作《寄亭林居士山水册》。不久，方以智被清廷迫害而死，顾炎武作诗云："久留踪迹在尘寰，满腹珠玑岂等闲。可奈长辞归净土，哪堪别泪洒人间。"

1673年（康熙十二年） 十二月，顾炎武至北京。同月，吴三桂在昆明举起"反清复明"旗帜，四方响应。

1674年（康熙十三年） 春，闻吴三桂起兵反清，立即离开京城，奔走于山西、山东、河南、陕西等地，到处联络友人。忽闻归庄逝世，为之失声恸哭，作文以祭之；又作《哭归高士》诗四首。

1675年（康熙十四年） 八月，去山西祁县戴廷栻的"丹枫阁"，与朱彝尊等友人相会。

1676年（康熙十五年） 正月，赴山东。作《汉三君》诗，仍对南方反清斗争寄予希望。秋，在北京会见黄宗羲的弟子陈锡嘏和万斯同，读《明夷待访录》，作《与黄太冲书》。会见湖南僧人元瑛，得知王夫之等人的消息，作《楚僧元瑛谈湖南三十年来事作四绝句》。

1677年（康熙十六年） 二月，再谒十三陵，作诗痛斥"虏主"康熙，表达恢复故国山河的坚定信念。

1678年（康熙十七年） 清廷准备纂修《明史》，开博学鸿词科，令朝臣及各省督抚推荐人选。大学士熊赐履要邀顾炎武协助修《明史》，炎武以死相拒。内阁学士叶方蔼等人要推荐其参加博学鸿词科考试，亦遭严词拒绝。

1679年（康熙十八年） 春，作《与施愚山书》，阐明其"经学即理学"的学术宗旨。三月，至嵩山少林寺，与长老惠瑒等交谈，勉励其重振少林雄风，以等待"秦王"到来。冬，在陕西华阴。十二月二十七日，清朝大理寺卿张云翼突然深夜造访，作《复张廷尉书》，揭露其充当清廷特务和鹰犬的面目。

1681年（康熙二十年） 八月，因清廷的监视和迫害加剧，不得不离开华阴，东渡黄河，前往山西曲沃。十月，清军攻入昆明，反清斗争失败。作绝笔诗《酬李子德二十四韵》，哀叹"一身长飘落，四海竟沦胥"。

1682年2月14日（康熙二十一年正月八日） 上马时失足坠地，卧病不起。次日，与世长辞，享年六十九岁。

主要著作

顾炎武一生著述宏富，著作多达五十余种，五百余卷。但由于清朝政府的政治高压，顾炎武的一些重要著作已经失传。现列举其主要著作16种如下：

1.《顾亭林诗文集》，中华书局1959年版。

2.《日知录》。清代学者黄汝成作《日知录集释》，该书有栾保群、吕宗力先生的点校本，1980年花山文艺出版社出版；有秦克诚先生的点校本，1994年岳麓书社出版。赵俪生先生著有《〈日知录〉导读》，1992年巴蜀书社出版。

3.《天下郡国利病书》，《四库全书总目》作一百卷，坊间作一百二十卷，均非原书之旧。有《四部丛刊》三编影印原稿本行世，并重新编定为五十册。昆山市顾炎武研究会为纪念顾炎武诞生385周年，对原昆山图书馆收藏的《天下郡国利病书》手稿进行了标点，2002年上海科学技术文献出版社出版。

4.《肇域志》一百卷，一百三十余万字。该书有《续修四库全书》影印清人手抄本，以及上海古籍出版社2004年4月出版的点校本。点校本由谭其骧、王文楚先生任主编，最为精善。

5.《菰中随笔》，有不分卷本与三卷本两种版本。《亭林遗书》本、《亭林遗书汇集》本皆为不分卷本，是乃通行本《菰中随笔》；《四库全书》子部杂家类存目则为三卷本，是乃别本《菰中随笔》。二书内容不同，通行本以读书笔记为主，而别本则以北游途中的实际考察为主。有《敬跻堂丛书》二种合刊本。

6.《左传杜解补正》三卷。有《亭林遗书》本、《皇清经解》本。

7.《音学五书》三十八卷。该书包括《音论》三卷，《诗本音》十卷，《易音》三卷，《唐韵正》二十卷，《古音表》二卷，有中华书局1982年影印本。

8.《圣安纪事》（又名《圣安皇帝本纪》）二卷。1999年江苏古籍出版社出版的《南明史料（八种）》将该书收入。

9.《明季实录》，有《亭林遗书汇集》本、《明季稗史》续编本等。上海图书馆藏清抄本作四卷。

10.《山东考古录》一卷，有《亭林遗书汇集》本。

11.《昌平山水记》二卷，有《亭林遗书汇集》本。

12.《历代帝王宅京记》二十卷，中华书局，1984年。

13.《建康古今记》十卷，有康熙年间抄本、1983年台湾成文出版公司影印本。

14.《京东考古录》一卷，有《亭林遗书汇集》本。

15.《金石文字记》六卷，有《亭林遗书十种》本。

16.《救文格论》一卷，有《亭林遗书汇集》本。